Der Geschichtenbär — Mit bunten Bildern

Anne Braun (Hrsg.)

Geister, Spuk und Hexenzauber

Das große Grusel-Geschichten-Buch

Illustrationen
von Renate Seelig

BENZIGER
EDITION

Die Deutsche Bibliothek – CIP-Einheitsaufnahme

Geister, Spuk und Hexenzauber:
Das große Grusel-Geschichten-Buch / Anne Braun (Hrsg.).
Mit farbigen Bildern von Renate Seelig.
- 1. Aufl. - Würzburg: Benziger Edition im Arena Verlag, 1994
(Der Geschichtenbär in Farbe)
ISBN 3-401-07145-9
NE: Braun, Anne [Hrsg.]; Seelig, Renate

———————————

1. Auflage 1994
© Benziger Edition im Arena Verlag GmbH, Würzburg 1994
Alle Rechte vorbehalten
Herausgegeben von Anne Braun
Einband und Innenillustrationen: Renate Seelig
Gesamtherstellung: Chemnitzer Verlag und Druck GmbH,
Werk Zwickau
ISBN 3-401-07145-9

Inhalt

1. KAPITEL
GESPENSTER UNTER SICH

2. KAPITEL
IM DUNKELN GIBT'S GESPENSTER

3. KAPITEL
VON VAMPIREN UND ANDEREN SELTSAMEN GESTALTEN

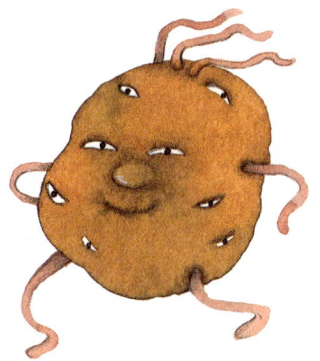

4. KAPITEL
WENN DU DICH GRUSELN WILLST

Gespenster unter sich

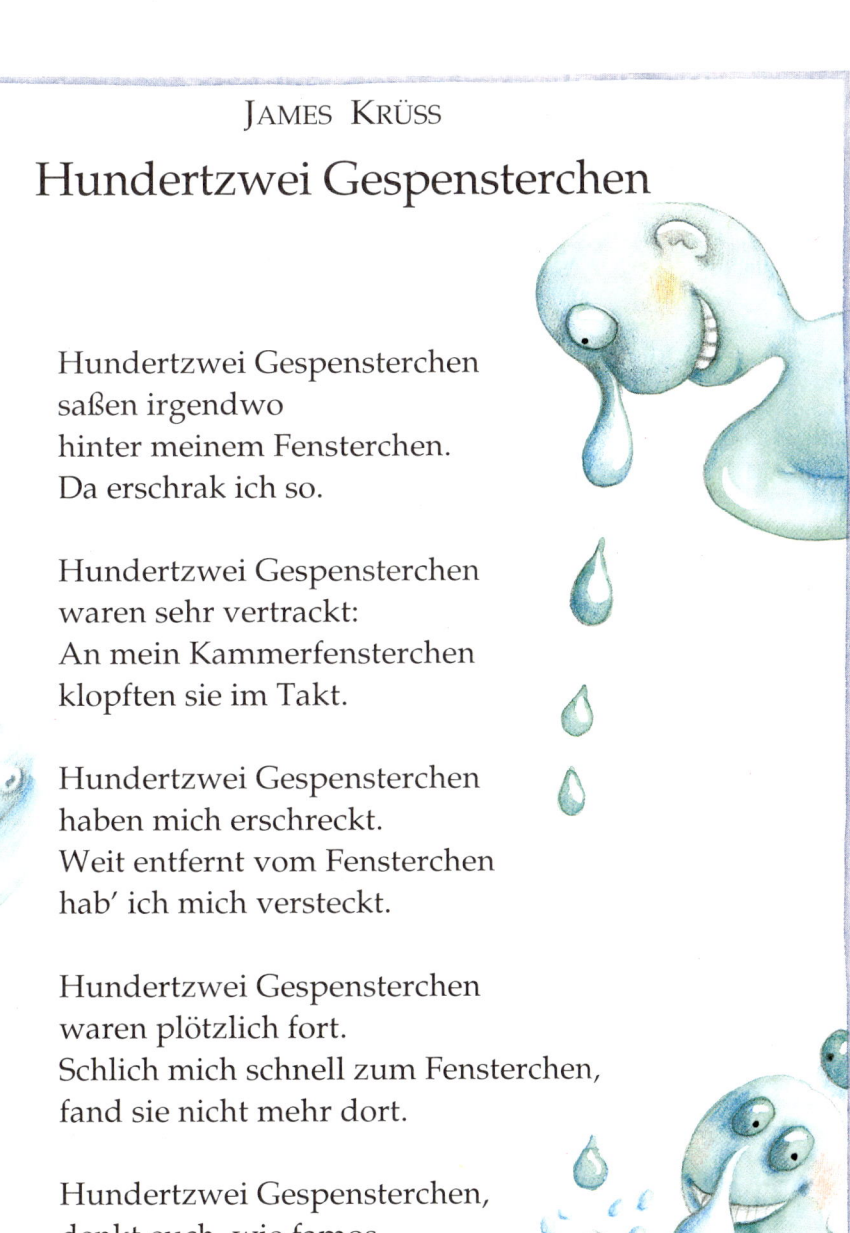

James Krüss

Hundertzwei Gespensterchen

Hundertzwei Gespensterchen
saßen irgendwo
hinter meinem Fensterchen.
Da erschrak ich so.

Hundertzwei Gespensterchen
waren sehr vertrackt:
An mein Kammerfensterchen
klopften sie im Takt.

Hundertzwei Gespensterchen
haben mich erschreckt.
Weit entfernt vom Fensterchen
hab' ich mich versteckt.

Hundertzwei Gespensterchen
waren plötzlich fort.
Schlich mich schnell zum Fensterchen,
fand sie nicht mehr dort.

Hundertzwei Gespensterchen,
denkt euch, wie famos,
waren an dem Fensterchen
Regentropfen bloß.

11

Bine, Bille und Max

s ist für Gespensterkinder zwar streng verboten, sich mit Menschenkindern anzufreunden, weil die Gefahr besteht, daß sie die Gespenstergeheimnisse ausplaudern könnten, aber Nöle, Nörgel und Papperlapapp haben zwei Freundinnen, Bine und Bille heißen sie. Sie haben so einen Von-allem-etwas-Hund, der Max heißt. Sie treffen sich oft, und weil Nöle, Nörgel und Papperlapapp es so genießen, bewundert zu werden, haben sie auch sofort alle magischen Verse verraten.

Bine und Bille haben Respekt vor den kleinen Gespenstern, wie vor Zauberern, und sie haben bei ihrer Ehre versprochen, kein Sterbenswörtchen von den magischen Versen zu verraten, einem Menschen schon gar nicht.

Nun, wo Bine und Bille auch Gespenstergeheimnisse wußten und die Zauberverse schneller behalten hatten als Nöle, Nörgel und Papperlapapp, drängten sie wie verrückt darauf, es mit dem Fliegen zu versuchen. Sie wollten zu gern wissen, ob das auch bei Menschenkindern funktionierte, und sie hatten beim bloßen Gedanken daran Herzklopfen vor Aufregung. Die Lehrerin konnten sie ja nicht fragen. Das hätte Ärger gegeben. Nörgel meinte, Bine und Bille könnten vielleicht dabei sterben oder so was, aber Papperlapapp glaubte das nicht. Er sagte nicht viel, aber man merkte, daß er Schiß hatte und nicht verantwortlich gemacht werden wollte, wenn was schiefginge. Nörgel schlug vor, erst mal einen Teststart auf den Alsterwiesen zu versuchen. Wenn's nicht klappte, fielen die beiden eben in die Alster, schwimmen konnten sie ja schon. Max maulte, weil er sich ausgeschlossen fühlte. Papperlapapp pfiff vor sich hin, so falsch wie nie, als ginge ihn das alles gar nichts an. Nörgel sah beunruhigt aus, er traute sich nicht und redete seit eineinhalb Tagen nur noch vom Abstürzen, dieser Angsthase. Nicht mal seinen Nachtisch hatte er gegessen.

Als sie an der Alster ankamen, war nicht viel los. Ein paar Leute mit ihren Hunden waren da und Segelboote und Ruderboote auf dem Wasser. Der Himmel war bewölkt, es sah nach Regen aus. Sie hatten alle die Zauberverse zur Sicherheit vorher aufgeschrieben und mitgenommen. Nun saßen sie in einem Kreis auf der Wiese. Hinter ihnen stand ein japanischer

Kirschbaum in voller Blüte, der leichte Wind ließ kleine Blütenblätter auf sie niederregnen. Gemeinsam sprachen sie den ersten Vers zum Unsichtbarmachen: »Nimm aus den Augen mir den Blick«, Bine verschluckte sich vor Aufregung und mußte husten. Sie fingen noch mal an:

> »Vergiß den Raum, wo ich gelebt,
> nimm mir Gestalt, gib kaltes Licht.
> KETT SEM JAH SCHELL NAHERU,
> schließe Menschenaugen zu!«

Meine Güte, es wirkte! Max jaulte verschreckt auf, als er Bine und Bille plötzlich nicht mehr sah, sondern nur noch roch. Die beiden redeten beruhigend auf ihn ein, was ihn nur noch ängstlicher machte, weil er nicht wußte, woher die Stimmen kamen.
»Nun den zweiten Vers, mach schon.« Nöle drängte.

> »Wind von Norden, wehe mir,
> kühle das Meer, und treibe den Sand,
> ich will nämlich weg von hier,
> trage mich übers Land!«

Nöle knuffte Nörgel vergnügt in die Seite, auch Papperlapapp sah erleichtert aus. »Es funktioniert wirklich! Wir können fliegen, Bine, wir können fliegen!«
Bille war ganz aus dem Häuschen. Max war so verängstigt, daß er dauernd pinkeln mußte. Etwas Unsichtbares, das wie Bille roch, nahm ihn plötzlich untern Arm, und schon fühlte er sich schweben. Entsetzt sah er, wie die grüne Wiese unter seinen Pfoten immer weiter zurückwich, er fürchtete, schwindlig zu werden, und kniff zur Sicherheit seine Augen zu. Wau, war das ein Gefühl! Neugierig entschloß er sich, erst mal ein wenig zu blinzeln. Er war der einzige, der sichtbar geblieben war, weil er ja den Zaubervers nicht mitgesprochen hatte.

Rasch stiegen sie über die Bäume hinweg Richtung Jungfernstieg, Alster-pavillon, Ballindamm, Hotel Atlantic. Unter ihnen die vielen Menschen auf dem Jungfernstieg. Und weiter ging es in Richtung Rathausplatz und Alsterarkaden.

»Da unten ist Godiva mit den tollen Süßigkeiten.« Bine war ganz zappe-lig. »Und da unten Café Engel mit dem warmen Apfelstrudel.«

Vor ihnen lag das Rathaus mit den vielen Türmen und Figuren und dem Senatsgehege, wie es Frau Röchel zu Fürchterlich immer nennt, aber mit so einer Betonung, als sei das so was wie der Affenkäfig bei Hagenbeck. Menschen blieben stehen und sahen nach oben.

»Da über dem Rathaus fliegt ein Hund!« Ein Fotograf knipste wie wild. Max mußte vor Aufregung schon wieder Wasser lassen. Die Menschen-menge tief unten wurde immer größer.

»Ich glaube, es ist besser, wenn wir wieder zurückfliegen!« Papperlapapp waren die vielen Menschen unheimlich. Bine und Bille alberten herum und konnten gar nicht genug kriegen. Ein paar Möwen brachten sich empört im Sturzflug in Sicherheit!

»Unverschämtheit, ihr Rüpel! Wir werden uns in eurer Schule beschwe-ren!« Das saß. Nöle, Nörgel, Papperlapapp, Bine, Bille und Max drehten schließlich in Richtung Rothenbaumchaussee ab. Über dem Bolivar-Park am Klosterstern setzten sie zur Landung an, heilfroh darüber, daß alles gutgegangen war.

>ENDO KENDO FIX,
das war mal wieder nix!«

Dabei verneigten sie sich in alle vier Winde, wie es Vorschrift war.

Als sie am nächsten Morgen an einem Kiosk vorbeigingen, lasen Bine und Bille in der Morgenzeitung die fetten Schlagzeilen: »Fliegender Hund über der Innenstadt!« Und dazu ein großes Foto von Max über dem Rathaus: »Unbekanntes Flugobjekt, das sich als kleiner Hund ent-puppte, flog in den Nachmittagsstunden über das Hamburger Rathaus.

Die Fachleute rätselten. Der Innensenator zeigte sich verwirrt und ratlos.«

»Daß unsere Hunde beißen können, ist mir zur Kenntnis gelangt, aber daß sie auch fliegen können, habe ich noch nicht gehört!«

Eine erste Stellungnahme kann erst nach Auswertung der Fotos erfolgen. Der Erste Bürgermeister kommentierte gelassener: »Im All wird es bald schlimm aussehen. Und ein kleiner Hund wird unseren Hamburger Luftraum schon nicht zusammenbrechen lassen!«

Das Bild von Max war gut getroffen, man konnte sogar seine kleine Zunge sehen.

In der Schule zog Frau Röchel zu Fürchterlich die Zeitung mit der Titelseite nach vorn aus ihrer Aktentasche. Ihre Stimme war eisig, und ihr Gesicht war wie versteinert: »Ich gebe euch eine Minute Zeit, mir zu erklären, wie dieser Hund über das Hamburger Rathaus gekommen ist!«

»Ich habe es ja gleich gewußt, daß es schiefgeht«, nuschelte Papperlapapp leise zu Nörgel rüber und hatte mit einemmal rote Ohren wie nie.

»Was sagen wir jetzt bloß?«

Nörgels Mund war plötzlich trocken wie Wellpappe. Nur Nöle saß völlig ungerührt da und grinste.

Die drei kleinen Gespenster kriegten Hausarrest für drei Tage und keinen Pudding zum Nachtisch.

GINA RUCK-PAUQUÈT

Mit nachtgespenstergroßen Augen

ch kann meine Zahnbürste nicht finden«, sagt das kleine Nachtgespenst zu Hannibal, dem Mäuserich.

»Hm!« brummt Hannibal und zieht sich die Decke über die Ohren.

Suchend flattert das kleine Nachtgespenst umher.

»Hast du sie nicht gesehen?« fragt es.

»Nein«, sagt Hannibal. »Sei nicht so huscherig!«

»Aber wenn ich meine Zahnbürste nicht finde, kann ich mir die Zähne
nicht putzen!« jammert das kleine Nachtgespenst.

»Kleines Nachtgespenst«, sagt Hannibal, »ich habe den ganzen Tag
genagt. Ich möchte nun schlafen!«

»Nie kann man mit dir reden«, beklagt sich das kleine Nachtgespenst.
»Dabei hätte ich so viele Fragen!«

Es hockt sich auf Hannibals Bett und guckt ihn mit nachtgespenstergro-
ßen Augen an. »Wo ist zum Beispiel der Mond, wenn er weg ist?«

»Er schläft«, seufzt Hannibal.

»Und was macht die Eule am Tage?«

»Sie schläft«, sagt Hannibal müde.

»Warum sind die Bäume immer so still?« will das kleine Nachtgespenst
wissen.

»Sie schlafen«, antwortet Hannibal und schließt die Augen, zuerst das
linke und dann das rechte.

»Hannibal«, quengelt das kleine Nachtgespenst, »warum bist du so
ekelhaft?«

»Ich schlafe!« knurrt Hannibal ganz leise.

Das kleine Nachtgespenst zupft ein bißchen an seiner Decke herum, aber
das hilft nicht. Da hat es einen großartigen Einfall.

»Guten Abend, Kater Purr!« sagt es ganz laut.

Mit einem Satz ist Hannibal, der Mäuserich, aus dem Bett, und schon sitzt er oben auf dem Kleiderschrank.

»Wo?« ruft er.

»Was?« fragt das kleine Nachtgespenst scheinheilig.

»Wo ist das krallentatzige Ungeheuer?«

Man sieht ihm an, daß er Angst hat.

»Das hab' ich doch bloß so gesagt«, erklärt das kleine Nachtgespenst. »Aus Langeweile.«

»Du bist ein ganz ungezogenes Flatternachthemd!« brüllt Hannibal. »Ich will dich nie mehr sehen!«

»Ich dich auch nicht!« schreit das kleine Nachtgespenst. Dann geht es zornig fort.

»Hannibal ist nichts als ein grauer Pelzmantel ohne Seele«, denkt es. Vor lauter Wut spukt es in dieser Nacht in Burghausen, daß den Leuten im

Schlaf die Zähne klappern. »Nie mehr gehe ich zurück!« denkt das kleine Nachtgespenst. »Nie mehr!«

Es jammert und heult und rüttelt an den Fensterläden. Aber nach einer Weile wird es langsam müde. Es setzt sich in den Fliederstrauch und wird ganz still.

»Ich bin ein armes, kleines Nachtgespenst«, denkt es. »Einsam und verlassen. Und nirgendwo gehöre ich hin.«

Traurig flattert es davon, weiter und immer weiter. Da merkt es plötzlich, daß es vor der Burg angekommen ist.

»Ich will mich bloß noch verabschieden«, denkt es. »Dann gehe ich für immer!«

Hannibal sitzt auf den Eingangsstufen.

»Kleines Nachtgespenst!« sagt er.

»Hannibal!« sagt das kleine Nachtgespenst. »O Hannibal!«

»Ich habe solche Sehnsucht nach dir gehabt!« sagen sie wie aus einem Mund.

Da wissen sie, daß sie zusammengehören. Und alles ist wieder gut.

TILDE MICHELS

Das Zappelgespenst

ines Morgens wachen die drei Wanderbären ganz früh auf.
Gustav schläft noch tief. Mit dem ist nichts los. Wenn sie an seiner
Bettdecke zupfen, blinzelt er ein bißchen und brummt: »Laßt mich in
Ruh'!« Dann dreht er sich um und schläft weiter.
Die drei kleinen Bären wissen nicht, was sie anfangen sollen. Bim rutscht
vor lauter Langeweile auf dem Hosenboden durchs Zimmer, Mocke
klettert auf den Schrank, und Cilli – ja, wo ist denn Cilli plötzlich hin?
Cilli ist nirgends zu sehen. Nur Gustavs Sonntagshemd zappelt im
Zimmer herum. Bim und Mocke merken sofort, wer da im Hemd steckt.
Auf einmal ist ihnen nicht mehr langweilig.
»Wir auch! Wir auch!« rufen sie.

Sie kriechen zu Cilli in Gustavs Hemd. Und nun hopsen sie auf und ab. Sie schlenkern mit den Hemdsärmeln, raffen das Hemd vorne hoch und ziehen es hinten wie eine Schleppe nach. Dabei stöhnen und wimmern sie ganz schaurig.

Davon wacht Gustav auf. Ängstlich schaut er auf das unheimliche weiße Ding, das vor seinem Bett herumgeistert. Er weiß nicht, ob er fortlaufen oder sich verkriechen soll. Ganz steif bleibt er im Bett sitzen.

»Hilfe!« schreit er. »Hilfe, ein Gespenst!«

Die drei kleinen Wanderbären platzen fast vor Lachen. Bim stolpert über Cillis Füße, und alle drei kullern im Zappelhemd über den Boden.

»Hilfe!« stöhnt Gustav.

Da entdeckt er die kleinen Bärentatzen, die unter dem weißen Gespensterhemd hervorschauen. Er hört es kichern. Und er sieht plötzlich, daß das Gespenst einen Kragen hat wie sein Sonntagshemd. Da weiß er, was los ist.

»Hej, kommt raus!« ruft er. »Ihr seid erkannt!«

Cilli, Bim und Mocke wursteln sich aus dem großen Hemd heraus. Nun stehen sie vor Gustav und biegen sich vor Lachen. Auch Gustav lacht, daß ihm der Bauch wackelt.

»Mal ehrlich!« ruft Cilli. »Du hast dich vor uns gefürchtet!«

Gustav gibt nie gerne zu, daß er sich vor irgend etwas fürchtet. Er druckst herum und sagt schließlich: »Na ja, nicht richtig gefürchtet. Vielleicht ein ganz kleines bißchen.«

Aber Cilli, Bim und Mocke wissen Bescheid. Es macht ihnen Spaß, daß sich der große Gustav auch mal vor ihnen gefürchtet hat.

HELGA SCHUBERT

Das Märchen vom Huuhuu

Es war einmal ein kleines Kind, das hieß Huuhuu. Huuhuu brauchte erst nach Mitternacht ins Bett und erst nach dem Mittag in die Schule. Es war nämlich ein Gespensterkind. Jeden Abend war es mit seinen Eltern zum Gruselnmachen unterwegs.

Gruselnmachen wird immer schwerer, klagten die Eltern. Gespenstervater schimpfte über die hellen Straßenlaternen, denn sie ließen kaum noch dunkle Häuserecken übrig. Gespenstermutter zeterte über die Dauerbeleuchtung in den Hausfluren, denn früher hatten sie sich in den dunklen Hausfluren immer so schön aufwärmen können. Wie groß war darum die Freude der Eltern, als es Huuhuu einmal schaffte, sich in eine Küche einzuschleichen, das ganze Geschirr vom Abwaschtisch auf den Boden zu pfeffern und gleichzeitig die Glastür zum Wohnzimmer so zuzuschlagen, daß die Scheibe rausfiel. In Wirklichkeit kam das mit der Tür durch einen Windzug. Aber Huuhuu wollte seine Eltern nicht enttäuschen und ließ sie in dem Glauben, daß es alles allein geschafft hatte.

Vater, Mutter und Huuhuu waren sehr zufrieden, daß sich alle in der Wohnung auch wirklich gruselten, ganz leise fragten: »Hast du das auch gehört?«, sich dann die Bettdecke über den Kopf zogen und weiterschliefen. Huuhuu und seine Eltern aber mußten wieder ins Kalte raus und sich für das nächste Gruselnmachen was einfallen lassen. Wenn sie dann endlich zu Hause waren, schlief Huuhuu gleich ein. Am nächsten Mittag mußte es aufstehen, um pünktlich in der Schule zu sein.

Andere zum Gruseln bringen ist wirklich eine Wissenschaft für sich. Im Werkunterricht lernte Huuhuu Umhängelaken nähen und knoten, glühende Kohlen anfassen und vor den Augen befestigen, im Sport herumtapsen im Dunkeln, möglichst viel umstoßen, auf einem Dach balancieren und dabei mit schweren Ketten klirren, im Zeichnen Blutflecken aus Kirschsirup herstellen, in Musik wimmern in verschiedenen Tonhöhen, wie eine ungeölte Schranktür quietschen und gespenstisch kichern. Wenn es nicht gespenstisch genug kicherte, bekam es eine Fünf in Kichern. »Nicht für die Schule, sondern für das Leben kicherst du«, sagte die Musiklehrerin streng und ließ es zum Strafkichern nachsitzen. Klassenarbeiten mußte es auch schreiben, zum Beispiel zu dem Thema »Wie bringe ich einen großen dicken Mann zum Gruseln, wenn er immer gleich einschläft?« oder »Wie bringe ich eine kleine dünne Frau wieder zur Ruhe, wenn sie sich zu sehr gruselt?«

Einmal, als Huuhuu im Bett lag und noch nicht so richtig müde war, wünschte es sich: Wenn ich mich doch auch mal richtig gruseln könnte, bloß, dachte es traurig, ich kenne doch nun fast schon alle Gespenstertricks. So richtig unheimlich müßte mir sein, ich müßte Schlurfschritte hören und müßte denken, das wird doch nicht etwa ein Gespenst sein, um Himmels willen. Und dann müßte der Wecker vom Stuhl fallen und

Gänsehaut

25

die Lampe wackeln, und dann müßten sich mir die Haare einzeln sträuben, und ich müßte eine Gänsehaut kriegen.

Plötzlich hörte Huuhuu ein grausliches Kratzen an den Fensterscheiben, mal leise, mal lauter. So etwas hatte es noch nie gehört. Huuhuu war sehr neugierig und wollte gleich nachsehen, woher das Geräusch kam. Vielleicht ein Streich von seinem Banknachbarn in der Schule? Aber der war ja krank. Und Kratzen an den Fenstern von außen? Das war wirklich unerklärlich für Huuhuu.

Vielleicht ist das Gruseln, wenn man sich etwas nicht erklären kann, dachte Huuhuu. Dann sehe ich jetzt nicht nach, was es ist, beschloß es. Ob draußen vielleicht kleine Knochen oder Eisenhämmerchen an das Fenster schlugen? Huuhuu hörte nur noch das Klopfen, und dann merkte es endlich so ein wundervolles Gefühl im Bauch und gruselte sich und gruselte sich und gruselte sich. Und lag in seinem warmen Bett und zog sich die Bettdecke über den Kopf und versuchte, das Kratzen auch dann noch zu hören.

Ja, es war noch da! Wenn ich mich schon grusele, wie werden sich dann erst die Menschen gruseln, dachte Huuhuu. Aber es irrte sich. Die Menschen hörten das Geräusch an den Fenstern zwar auch, aber sie standen auf und sagten zueinander: »Solch einen Hagel hatten wir ja schon jahrelang nicht mehr. Seht mal, da sind richtige Eisbrocken darunter. Hoffentlich bleiben die Fenster ganz.« Aber da war Huuhuu schon, zufrieden über das Unerklärliche, tief eingeschlafen. Es war eben noch ein sehr kleines Gespensterkind.

Gespenstergeschichten unterm Regendach

HANNE SCHÜLER

Als abends alle Katzenkinder kuschelig und gemütlich im Zelt beieinanderlagen, fragte Weißnäschen Silberfleck: »Meinst du, daß deine Mutter noch böse auf dich ist?«

Silberfleck zuckte mit den Schultern. »Vielleicht . . . Im Grunde ist es mir egal! Sie droht immer viel – aber wenn ein bißchen Zeit vergangen ist, dann ist ihr Zorn auch verraucht. Außerdem hat sie jetzt für einige Tage Besuch von einer Freundin. Das wird sie beruhigen«, setzte sie grinsend hinzu.

Unterdessen hatte es angefangen zu regnen, zuerst ganz leise und langsam, dann wurden die Tropfen, die auf das Zeltdach pochten, immer schwerer und heftiger. Schließlich kam noch ein Wind auf, das Zelt flatterte, und die Stangen bogen sich.

»Nicht an die Zeltwand kommen!« erinnerte Silberfleck die anderen. »Sonst regnet es durch, ihr wißt doch!«

Alle rückten nun ganz eng zusammen, während draußen das Wetter tobte.

»Jetzt ist es so richtig gemütlich zum Gespenstergeschichtenerzählen!« meinte Orangekater und kuschelte sich ganz tief in seinen Schlafsack ein.

»Weiß jemand eine?« – »Ja, ich!« rief Weißnäschen.

»Nein, bitte keine Gespenstergeschichte!« ließ sich auf einmal Aholas leise Stimme vernehmen. »Dann bekomme ich Angst!«

»Ach was, Ahola, du kommst zu mir in den Schlafsack und kuschelst dich in mein Bauchfell ein, dann brauchst du dich nicht zu fürchten«, beruhigte Silberfleck ihre kleine Schwester. Die ließ sich das nicht zweimal sagen und kroch zu Silberfleck.

»Nun bist du in Sicherheit«, lachte Weißnäschen, »und ich kann anfangen! – Also, das ist mehr so eine Witz-Gespenstergeschichte, also, nicht so eine richtige, wißt ihr . . .«

»Nun fang schon an, wir werden es ja merken!« rief Orangekater ungeduldig.

»Na gut!« Weißnäschen begann: »Also, es war einmal ein einsames Haus, das hatte schon lange leer gestanden. Eines Tages nun zog in dieses Haus doch eine Familie ein. In der Küche entdeckten sie plötzlich einen tellergroßen roten Fleck, dachten sich aber nicht viel dabei.«

»Das ist bestimmt ein Blutfleck!« flüsterte Buntgescheckt.

»Pst!« zischte Orangekater. »Erzähl weiter!«

»Als sie nun alles eingeräumt hatten und abends todmüde ins Bett fallen wollten, klingelte auf einmal das Telefon. Die Mutter ging an den Apparat und hob ab. Am anderen Ende der Leitung war eine tiefe, unheimliche Stimme zu hören, die sagte: ›Wenn in vierzig Minuten der Blutfleck nicht weg ist, dann – dann – dann . . .‹ Der Mutter standen alle Haare zu Berge, und zitternd berichtete sie ihrer Familie, was die Stimme gesagt hatte.«

»Ich habe solche Angst! Hör lieber auf!« bat Ahola, und ihre Zähne schlugen aufeinander.

»Ach was, komm, Ahola!« Silberfleck preßte sie noch fester an sich und streichelte sie. Der Regen prasselte immer stärker auf das Zeltdach.

»Also, die fingen nun an zu schrubben, was das Zeug hielt«, fuhr Weißnäschen fort. »Aber schon kurze Zeit später ging wieder das Telefon, und die Stimme sagte: ›Wenn in fünfzehn Minuten der Fleck nicht weg ist, dann – dann – dann . . .‹ Die Familie holte alle Scheuermittel im Haus zusammen, die sie hatte, aber der Fleck ging nicht weg. Wieder läutete es, und die Stimme sagte: ›Wenn in fünf Minuten der Fleck nicht weg ist, dann – dann – dann . . .‹ Die Familie schrubbte sich die Pfoten wund und war völlig verzweifelt, ängstlich schauten sie immer wieder aufs Telefon, allen lief der Schweiß nur so das Fell herunter. Die fünf Minuten waren um, das Telefon klingelte wieder. Mit zitternden Pfoten nahm die Mutter den Hörer auf, und sie hörte die unheimliche, dunkle Stimme sagen: ›Wenn der Fleck jetzt nicht weg ist, dann – dann – dann . . .‹« Weißnäs-

chen machte eine lange Pause. Alle hielten den Atem an, am Zeltdach rüttelte der Sturm. Genüßlich sprach sie den Satz zu Ende: »Dann . . . bleibt er, wo er ist!«

Alle Katzenkinder atmeten tief durch und lachten erleichtert auf, selbst Ahola. »Das war ja gar nicht so schlimm«, meinte sie tapfer, nachdem es überstanden war.

»Kennt ihr die Geschichte mit den blutroten Lippen und der eiskalten Pfote?« fiel Silberfleck nun ein. »Und kennt ihr die mit dem goldenen Bein?« wollte Orangekater wissen. »Und die mit der blutigen Pfote, wo auch einer anruft und immer sagt: ›Mit meiner blutigen Pfote komme ich jetzt in eure Stadt . . .‹?« Jedem fielen jetzt noch Gespenstergeschichten ein, nur Ahola nicht. Sie hörte zum erstenmal in ihrem Leben solche Geschichten und fürchtete sich sehr – aber sie mußte zugeben, daß sie das Kribbeln im Bauch dabei doch ganz gern hatte. So wußten die anderen, daß sie es nicht wirklich ernst meinte, wenn sie mit ängstlicher Stimme immer wieder sagte: »Nun hört doch endlich auf!«

Bis in die tiefe Nacht hinein erzählten sie sich solche Gespenstergeschichten, wo man sich am Ende ganz fürchterlich erschreckte oder lachen mußte – oder beides auf einmal, das war am schönsten! Aber irgendwann siegte doch die Müdigkeit über die grauslichste Geschichte, und einer nach dem anderen fing an zu gähnen. »Laßt uns jetzt schlafen«, meinte Silberfleck. »Morgen nacht können wir ja weitererzählen!«

Der Regen hatte inzwischen nachgelassen, es tropfte nur noch dann und wann auf das Zeltdach, auch der Wind hatte sich gelegt. »Es ist auf einmal so ruhig!« stellte Weißnäschen fest. »Ich könnte ewig hier im Zelt mit euch liegen und Geschichten erzählen«, meinte sie und gähnte dabei ununterbrochen.

»Ich auch«, sagte Orangekater. »Schade, daß übermorgen schon alles vorbei ist, findet ihr nicht auch?«

»Ja, wir können doch unseren Zelturlaub einfach verlängern!« schlug Buntgescheckt vor.

»Das würde ich auch toll finden«, meinte Silberfleck. »Aber wir verreisen doch noch anschließend mit unseren Eltern! *Ich* hätte viel mehr Lust, weiter mit euch zusammen zu zelten!« Nur Ahola sagte gar nichts mehr dazu, sie war schon längst eingeschlafen und schnarchte leise vor sich hin.

»Im nächsten Jahr machen wir das wieder«, flüsterte Weißnäschen, bevor auch ihr die Augen zufielen. Silberfleck, Buntgescheckt und Orangekater murmelten noch: »Ja, bestimmt!«, dann schliefen auch sie ein.

2. Kapitel

Im Dunkeln gibts' Gespenster

ROSWITHA FRÖHLICH

Das Bettgespenst

Unter dieser Zauberdecke
liegt ein Geist in dem Verstecke,
kichert: »Hi!«
kichert: »Ho!«
kratzt sich gar an seinem Po!
Wackelt mit dem großen Zeh!
Warte nur, wenn ich dich seh'!
Zieh' ich schnell die Decke weg,
ist er nicht mehr da vor Schreck.

HANNA HANISCH

Das kunterbunte Klopfgespenst

s klopfte. KLOPF-KLOPF-BRUTTER-BRUTTER-BUTT!

Fränzi setzte sich im Bett auf und rief: »Herein!«

Aber es kam niemand herein.

Es klopfte zum zweiten- und zum drittenmal.

Da wurde Fränzi ärgerlich: »Wer ist da? Komm endlich zu mir! Die Tür steht offen!«

»Ich kann nicht heraus!« jammerte ein Stimmchen. »Ich bin gefangen. Hier drinnen in der Heizung. KLOPF-KLOPF-BRUTTER-BRUTTER-BUTT!«

»Was kann ich tun, um dich herauszulassen?« fragte Fränzi.

Das Stimmchen erklärte es: »Dreh die Lüftungsschraube auf, aber nur ein bißchen. Sonst gibt es eine Überschwemmung. Wenn du aufgedreht hast, werde ich entweichen als LUFTBLASENHEIZUNGSKLOPFGESPENST.«

Fränzi sprang aus dem Bett.

Sie fand die Lüftungsschraube. Daran hatte der Papa schon einmal gedreht, das hatte sie gesehen.

»Steh mir bei, kleines Klopfgespenst!« stöhnte Fränzi und drehte – ächz – die Schraube locker.

PFÜÜÜT! machte es, und das Gespenst entwich. Es schwebte leicht um Fränzi herum.

»Wie klein du bist!« lachte Fränzi. »Und wie durchsichtig! Komm, wir wollen Fangen spielen.«

Das Klopfgespenst schwebte durch das Zimmer, dabei kicherte es leise. Endlich war es frei! Endlich durfte es schwingen und schweben, brauchte nicht mehr zu klopfen.

Sie jagten sich über den Tisch, über den Nachtschrank, über das Bett hinweg, Fränzi und das Gespenst.

»Ich sehe dich nicht gut!« rief Fränzi. »Du bist so blaß. Setz dich auf mein Bett. Ich will dich anmalen, mit Farben aus meinem Tuschkasten. Komm, kleines Gespenst, halt einmal still.«

Das LUFTBLASENHEIZUNGSKLOPFGESPENST kicherte.

Sich anmalen lassen? Das wollte es gern. Das war etwas Neues. Noch keinem Gespenst war eine solche Ehre zuteil geworden.

Brav und still hockte es sich auf Fränzis Bett.

Fränzi spuckte auf die Farben und verrührte sie mit dem Pinsel. Rote, grüne, blaue und gelbe Streifen zog Fränzi dann über das Gespensterchen. Kunterbunt sah es jetzt aus.

»Wie schön ich bin! Juchhuu, viel schöner als alle anderen Gespenster!« jauchzte es und schwebte durch den Raum.

Fränzi jagte ihm nach über Tisch und Stuhl.

»Fang mich! Fang mich doch!« piepste das Gespenst.

Auf einmal hatte Fränzi es gepackt. Fest hielt sie es in der Hand.

Da gab es einen feinen Ton: »Ping, Ping!«

Das Gespenst war geplatzt. In tausend kleine Blasen aus Luft.

Fränzi hatte Farbe an allen Fingern. Sie wischte sie schnell am Kopfkissen ab.

Als die Mutter ins Zimmer kam, um Fränzi »Gute Nacht« zu sagen, tat Fränzi, als schliefe sie fest.

Sie wollte das Gespenst nicht verraten. Das hatte sich aus tausend Blasen wieder zusammengesetzt und schwebte zart und durchsichtig wie zuvor, leise kichernd, über Fränzis Bett.

ANNE FABER

Das alte Schloß

oher wollen die Leute eigentlich wissen, ob sich mein Onkel Alwin alle seine Geschichten immer nur ausdenkt? So genau weiß das nämlich kein Mensch. Ich auch nicht.

Mein Onkel Alwin erzählt:

»Ich war einmal in England, das ist eine große Insel mitten im Meer, da gibt es Pferde, eine Königin, grüne Wiesen, Polizisten, zu denen man Bobby sagt, und sehr viele, sehr alte Schlösser. Jedes Schloß hat ein Schloßgespenst, das gehört einfach dazu, sonst ist das ganze Schloß nichts wert.«

»Aber Onkel Alwin«, sage ich zu ihm, »es gibt doch gar keine Gespenster!«

»Das meine ich auch«, sagt Onkel Alwin und erzählt weiter:

»Eines Tages treffe ich dort unterwegs einen Grafen, der hat überhaupt kein Geld und kann sich nichts kaufen; also lade ich ihn ein zu einer Tasse Tee. Er erzählt mir, daß er sein altes Schloß verkaufen möchte, aber niemand will es haben, weil kein Gespenst darin herumspukt. Er tut mir leid, der Graf; und so verspreche ich ihm, daß ich ihm ein Gespenst verschaffe, wenn er eins braucht. Das freut ihn sehr, und er nimmt mich gleich mit heim in sein Schloß.

Am nächsten Tag kommt ein reicher Mann, der will das Schloß vielleicht kaufen, aber natürlich nur mit Gespenst, und dieses Gespenst will er vorher sehen, sagt er, weil er sonst nicht daran glaubt. Also nehme ich mir ein Bettuch, eine Eisenkette zum Rasseln und ein paar Knochen zum Klappern. Mit dem Zeug verstecke ich mich in einem großen alten Schrank mit vielen Holzwurmlöchern, durch die ich genug Luft kriege, damit ich es ein paar Stunden drin gemütlich habe.

Um Mitternacht, pünktlich, erklingen zwölf Schläge vom Schloßturm. Ich ziehe mir Schuhe und Strümpfe aus, wickle mich in mein Bettuch und steige aus dem Schrank heraus. Überall in den Gängen flackern Kerzen. Ich fange an zu geistern, rassle mit der Eisenkette, klappere mit den Knochen und mache fürchterlich: »Huhuuu!« Der Graf führt den reichen Mann im Schloß herum, und jedesmal, wenn sie um eine Ecke biegen, sause ich unheimlich heulend davon. Dem reichen Mann gefällt das sehr gut, und der Graf freut sich.

Wie ich so gerade durch einen großen Saal mit vielen Ahnenbildern geistere, hüpft auf einmal was kleines Weißes vor mir her – sieht aus wie ein Handtuch mit was drin –, hüpft und hüpft vor meiner Nase auf und

ab und kommt dabei gar nicht auf den Boden. Ich greif' danach, aber es faßt sich an wie Luft.

Jetzt fängt es auch noch zu kichern an, ganz leise und sehr unverschämt. Ich will ihm einen Schubs geben, der geht natürlich ins Leere; ich verwickle mich in mein Bettuch und falle hin. Das macht einen ziemlichen Lärm. Im letzten Augenblick verschwinde ich aus dem großen Saal und um die nächste Ecke, bevor der Graf und sein reicher Mann mich einholen, und ich renne durch die Gänge zurück zu dem Schrank. Aber der ist verschlossen und nirgends ein Schlüssel. Ich rüttle dran herum – umsonst. Und wie ich schon nicht mehr dran glaube, springt die Tür von selber auf und – husch! – heraus und an mir vorbei das kleine weiße Handtuchgespenst und kichert gräßlich. Und der Schlüssel liegt innen drin im Schrank. Das ärgert mich; ich schmeiß' mein Bettuch weg und geh' heim.

Der reiche Mann hat das Schloß gekauft, und das kleine weiße Handtuchgespenst geistert seitdem jede Nacht dort herum. Der Graf hat eine Menge Geld dafür bekommen, damit reist er in der Welt herum, und wenn wir uns irgendwo treffen, lädt er mich ein zu einer Tasse Tee.«

»Aber Onkel Alwin«, sage ich, »so ein Unsinn, es gibt doch wirklich keine Gespenster!«

»Natürlich nicht«, sagt Onkel Alwin. »Nur manchmal – wenn's sein muß – eben doch.«

Also, was an dieser Geschichte wahr ist, weiß ich nicht, mein Onkel Alwin hat sie mir jedenfalls genau so erzählt.

MANFRED MAI

Im Dunkeln gibt's Gespenster

atrin soll eine Flasche Apfelsaft aus dem Keller holen.

»Immer ich«, meckert sie. »Warum nicht der?«

»Weil *der* gerade beim Tischdecken hilft«, sagt Mutter.

»Dann helfe ich auch.«

»Das ist nicht mehr nötig.«

»Ich will aber nicht in den Keller«, ruft Katrin.

Mutter stellt die Teller auf den Tisch. »Ich will vieles nicht und muß es trotzdem tun.«

»Das sagst du immer.«

»Weil es stimmt.«

Christian holt Besteck und geht an Katrin vorbei. Die streckt ihm die Zunge raus.

»Mama, Katrin hat . . .«

»Nein, Chris hat . . .«

»Fangt bitte nicht schon wieder an«, sagt Mutter lauter. »Und du holst jetzt endlich den Apfelsaft und machst kein solches Theater.«

Katrin rührt sich nicht von der Stelle. »Ich habe Angst«, murmelt sie, und dabei schießen ihr Tränen in die Augen.

»Aber Katrin«, sagt Mutter. »Du warst doch schon so oft im Keller, und du kannst doch Licht anmachen.«

»Ich habe trotzdem Angst.«

»Im Keller hab' ich auch Angst«, sagt Christian. »Da sitzen immer Gespenster.«

»Gespenster?« fragt Mutter. »Ich habe noch nie welche gesehen.« Christian guckt Mutter ungläubig an. »Bist du stärker als ein Gespenst?«

Mutter zieht die Schultern hoch. »Ich habe noch nie mit einem gekämpft.«

42

»Bist du weggelaufen?«

»Nein, ich habe noch nie eines gesehen«, sagt Mutter.

»Auch nicht, als du klein warst?« fragt jetzt Katrin.

Mutter schüttelt den Kopf. »Gesehen habe ich auch als Kind keines. Aber ich war sicher, daß es Gespenster gibt, und hatte große Angst vor ihnen. Genau wie ihr. Einmal hatte mein Vater seine Mütze in der Scheune vergessen, und ich mußte sie holen. Draußen war es schon ziemlich dunkel. Von überall her hörte ich unheimliche Geräusche. Ich schlich über den Hof bis zu dem großen Scheunentor. Langsam schob ich den schweren Holzriegel zurück und drückte das Tor ein Stück auf. Ich bin fast gestorben vor Angst, denn in der Scheune war es stockfinster. Und der Lichtschalter war ungefähr zwei, drei Meter vom Tor entfernt. Schritt für Schritt tastete ich mich vorwärts, dabei griffen tausend Hände nach mir – wenigstens dachte ich das. Endlich fand ich den Lichtschalter. Als es hell war, sah es in der Scheune aus wie immer. Trotzdem war ich sicher,

daß hinter den Maschinen und in allen Winkeln Gespenster saßen, die sich gleich auf mich stürzen würden. Ich schnappte Vaters Mütze, machte das Licht aus und rannte, so schnell ich nur konnte, aus der Scheune, über den Hof und ins Haus. Dort fing ich an zu weinen. Mein Vater lachte mich aus und sagte, es gäbe überhaupt keine Gespenster. Und damit hatte er sicher recht. Aber damals glaubte ich ihm das nicht.«

»Und heute?«

»Heute weiß ich, daß es für Kinder in der Welt manches gibt, was es für Erwachsene nicht mehr gibt.«

»Das verstehe ich nicht«, sagt Christian.

»Das ist auch ein bißchen schwierig«, sagt Mutter. »Aber wichtig ist, daß man Kinder nicht auslacht, wenn sie zum Beispiel an Gespenster, Hexen und Zauberer glauben und vor ihnen Angst haben.«

»Wie Opa dich«, sagt Katrin.

»Richtig«, sagt Mutter. »Damit hat er mir auch nicht geholfen, im Gegenteil. Ich bin mir ganz klein und dumm vorgekommen. Geholfen hat mir dann ein Buch.«

»Ein Buch?« fragt Katrin.

»Ja, ein Buch.« Mutter lächelt. »Darin ging es um einen Jungen, der Angst hatte, eine alte, verstaubte Tür auf dem Dachboden zu öffnen. Er bat seinen Großvater, es für ihn zu tun. Da sagte der Großvater etwas ganz Wichtiges: ›Wenn man Angst hat, gibt es nur ein Mittel dagegen – man muß durch die Angst durch.‹ «

»Wie durch?« fragt Katrin.

»Überleg mal.«

Katrin guckt erst Mutter, dann Christian an.

»Durchspringen!« ruft Christian.

»Gut«, lobt die Mutter. »Aber wie?«

»Er muß die Tür öffnen«, sagt Katrin zögernd.

»Sehr gut.« Mutter wuschelt Katrin durch die Haare. »Der Großvater ging mit ihm auf den Dachboden. Dann öffnete der Junge mit klopfendem Herzen die Tür und hatte von da an keine Angst mehr vor ihr.«

Katrin und Christian gucken Mutter mit großen Augen an.

»Und genau das machen wir jetzt auch«, sagt sie.

»Auf dem Dachboden?« fragt Christian erstaunt.

Mutter lacht. »Nein, mein Schatz. Im Keller.« Sie schiebt beide auf den Flur. »Ihr geht voraus.«

»Du zuerst«, sagt Katrin zu Christian.

»Nein, du.«

»Na los, Katrin«, sagt Mutter aufmunternd. »Ich bin doch da.«

Katrin seufzt. Dann geht sie die Treppe hinunter. Christian und Mutter folgen ihr. Vor der Kellertür bleibt Katrin stehen und schaut sich um. Mutter nickt ihr zu. Katrin drückt die Klinke, kneift die Augen zu, öffnet die Tür und tastet mit der Hand nach dem Lichtschalter. Sie knipst das Licht an und öffnet die Augen. Nirgendwo ist ein Gespenst zu sehen. Katrin geht hinein und holt eine Flasche Apfelsaft.

»Siehst du, jetzt hast du's geschafft«, sagt Mutter und drückt Katrin an sich. »Wie der Junge auf dem Dachboden.«

»Ich will auch mal Licht anmachen«, sagt Christian und zieht an Mutters Ärmel.

»Gern.« Mutter knipst das Licht aus. Dann hebt sie Christian hoch. Der fingert am Schalter herum – und schafft es. »Hier sind ja gar keine Gespenster«, sagt er. Und es klingt beinahe ein wenig enttäuscht.

HEINRICH HANNOVER

Eine Gespenstergeschichte

hr wollt eine Geschichte hören, in der ein Gespenst vorkommt?
Was ist denn ein Gespenst? So was mit einem weißen Tuch und zwei
Augenlöchern. Ja, und wo gibt es denn Gespenster? In alten Schlössern
und Burgruinen. Es gibt auch Leute, die sagen: »Es gibt gar keine Gespenster.«

Der Vater war so einer, der sagte: »Es gibt gar keine Gespenster.« Die
Mutter war sich nicht ganz sicher, ob es Gespenster gibt.

Aber Eike und Julia wußten es genau: Es gibt Gespenster. Sie kommen
nachts, schlüpfen durch Schlüssellöcher und Fensterritzen und jaulen da
herum und machen Leuten angst, die Angst vor Gespenstern haben.

Einmal waren Eike und Julia mit ihren Eltern verreist. Da kamen sie zu
einer Burgruine.

»Hier gibt es bestimmt Gespenster«, sagten die Kinder.

»Ach was«, sagte der Vater, »Gespenster gibt es nicht.«

Sie gingen kreuz und quer durch die Burgruine und guckten in alle Ecken
und auch ins Burgverlies, aber sie fanden keine Gespenster.

»Seht ihr«, sagte der Vater, »ich habe mal wieder recht.«

»Warte nur ab«, sagten die Kinder, »wir wollen hier mal übernachten.«

»Was? Hier in der Burgruine wollt ihr übernachten?« fragte die Mutter.
»Da mach' ich nicht mit.«

»Bei jeder Burgruine gibt es auch ein Hotel«, sagte der Vater. »Wir
können ja im Hotel übernachten.«

Und richtig: Gar nicht weit von der Burgruine stand ein Hotel, und sie
gingen hin und fragten den Portier, ob er zwei Zimmer frei habe.

»Ja«, sagte der Portier, »zwei sehr schöne Zimmer mit Balkon und Blick
auf die Burgruine.«

»Die nehmen wir«, sagte der Vater.

Und dann schleppten sie ihre Koffer aufs Zimmer, und nach dem Abendbrot gingen sie bald ins Bett, weil es inzwischen spät geworden war.

Mitten in der Nacht wacht plötzlich die Mutter auf – da huscht so was Weißes vor dem Fenster rum und jault. Ein Gespenst!

Die Mutter weckt den Vater und sagt: »Du, vor dem Fenster ist ein Gespenst.«

»Ach Quatsch«, sagt der Vater, »es gibt keine Gespenster, laß mich schlafen.«

Also, der Vater schläft wieder ein, und die Mutter schläft auch wieder ein. Aber nach einiger Zeit ist da wieder ein Geräusch am Fenster, und diesmal wacht der Vater auf und sieht das Gespenst vor dem Fenster hin und her huschen.

»Hau ab!« sagt der Vater. »Dich gibt's ja gar nicht.« Und dann dreht er sich auf die andere Seite und schläft weiter.

Aber so leicht wird man ein Gespenst nicht los. Das Gespenst macht sich ganz dünn und schlüpft durch eine Fensterritze ins Zimmer hinein. Im Zimmer macht es sich wieder dick. Und dann sucht es im Zimmer herum, ob es da irgendwas gibt, womit man den Eltern einen Streich spielen kann. Da sieht das Gespenst ein Waschbecken und dreht den Wasserhahn auf und macht den Ablauf zu. Das Wasser läuft und läuft, und schließlich läuft das Waschbecken über. Und es läuft immer mehr Wasser ins Zimmer, das Gespenst kriegt ganz nasse Füße und springt im Wasser herum, aber das macht ihm Spaß. Das Wasser steigt im Zimmer immer höher, die Stühle fangen an zu schwimmen, der Schrank kippt um, und Vaters Anzüge und Mutters Kleider fallen ins Wasser, der Nachttisch schwimmt los und der Wecker und die Nachttischlampe. Und schließlich fangen auch die Betten an zu schwimmen.

Zuerst wacht die Mutter auf und denkt: »Das schwankt ja alles so komisch.« Sie will den Vater wecken und patscht mit der Hand ins Wasser. Da kriegt sie einen furchtbaren Schreck und schreit, und der Vater wacht auf und sieht, wie das Gespenst neben seinem Bett im Wasser

49

schwimmt, und will es zu fassen kriegen und – platsch! – kippt Vaters Bett um, und der Vater fällt ins Wasser.

Also, jetzt schwimmt der Vater im Wasser und will das Gespenst fangen, aber das Gespenst kann schneller schwimmen, und so schwimmen sie immer um Mutters Bett herum, das in der Mitte des Zimmers schwimmt. Von dem Geplätscher des Wassers und von Mutters Schreien und Vaters Schimpfen werden schließlich im Zimmer nebenan die Kinder wach. Sie schleichen sich auf den Balkon und gucken von da durchs Fenster in das Zimmer der Eltern. Als sie da den Vater immer um Mutters Bett herum hinter dem Gespenst herschwimmen sehen, müssen sie unheimlich lachen.

Das hört der Vater und schimpft noch mehr: »Ich schwimme hier schon eine halbe Stunde hinter dem Gespenst her, und ihr lacht noch darüber?« »Siehst du«, sagen die Kinder, »du wolltest ja nicht glauben, daß es Gespenster gibt; wir haben doch recht gehabt.«

Schließlich wird dem Vater das Geschwimme doch zu dumm. Er

schwimmt zum Telefon, das da auch irgendwo herumschwimmt, und ruft den Portier an.

»Ja, bitte?«

»Also, hören Sie mal, in Ihrem Hotel gibt es ja Gespenster!«

»Wie bitte?«

»In Ihrem Hotel gibt es Gespenster!«

»Aber, mein Herr, es gibt doch keine Gespenster, und in unserem Hotel schon gar nicht.«

»Was sagen Sie? Es gibt keine Gespenster? Also, bitte, ich schwimme schon seit einer halben Stunde hinter einem Gespenst her.«

»Wie bitte? Sie schwimmen hinter einem Gespenst her? Aber, mein Herr, ich muß mich doch sehr wundern; man kann doch in unserem Hotel nicht im Zimmer schwimmen.«

»Bitte, überzeugen Sie sich selbst«, schreit der Vater ins Telefon, »kommen Sie mal rauf in unser Zimmer!«

»Ja, sofort, einen Augenblick, bitte«, sagt der Portier und denkt: »Der Mann hat wohl nicht alle Tassen im Schrank.«

Ja, und dann hat der Vater den Hörer aufgelegt und das Telefon weiterschwimmen lassen. Und der Portier geht die Treppe rauf, hört hinter der Tür so ein komisches Rauschen und Plätschern und klopft an.

»Ja, kommen Sie nur rein«, ruft der Vater von drinnen.

Wer erzählt die Geschichte weiter?

LAURA FEUERLAND

Das Spenst

s war einmal ein Spenst. Das flog und spensterte durch die
Nacht und erschreckte die Leute. Aber nicht sehr, nur ein bißchen; gerade
so, daß es ihm eben Spaß machte. Einmal kam es in ein Haus, da wohnten
viele Kinder. Hier ist bestimmt gut spenstern, freute sich das Spenst:
Heute will ich mal ein bißchen kräftig loslegen. Und es klirrte und rasselte
so recht nach Spensterart, und es machte laut ha-ha und ho-ho und hä-hä.
Aber da kamen die Kinder aus ihren Zimmern und riefen: »He, was soll
denn der Krach, da kann ja kein Mensch schlafen. Geh fort, du Spenst,
los, raus hier!«

Na, so was, dachte das Spenst verdutzt, die haben ja überhaupt keine
Angst, das hab' ich auch noch nie erlebt. Muß ich wohl noch ein bißchen
zulegen. Und es spensterte erneut los, und es legte kräftig zu und
schnarrte laut und dröhnend ho-ho und hu-hu und hä-hä, und es ließ die
Ketten laut scheppern.

Aber die Kinder hatten überhaupt gar keine Angst, und sie wurden sehr
ärgerlich, weil sie aus dem Schlaf gerissen worden waren, wo sie doch
eben so schön geträumt hatten.

»Du sollst fortgehen«, riefen sie. »Geh, du Spenst, hau ab. Geh, geh, geh,
Spenst!«

»Das ist das erste Mal, daß mir so was passiert«, sagte das Spenst, und es
schüttelte seinen Spensterkopf und schaute verdrießlich drein.

»Geh, geh, geh, Spenst!« riefen die Kinder weiter.

»Da muß ich wohl gehen«, schnüffelte das Spenst, »die totale Niederlage
ist das hier ja.«

Ja, so mußte das Spenst also gehen.

Und seither heißt es auch Ge-spenst.

3. Kapitel

Von Vampiren und anderen seltsamen Gestalten

JOSEF GUGGENMOS

Das Geisterschloß

Schallend wiehernd
wie ein Roß
stampft Ritter
Rotbart
durch mein Schloß.
Graf Kunz
(schon immer
hundsgemein)
kann dagegen
alles sein.
Erst gern –
still stand
mein Verstand –:
Der Pfannenstiel
war seine – Hand!
Irr flieh' ich
(mit und ohne Grund)
vor Kugel,
Nudel,
Pudelhund . . .

Auch geh' ich nur,
muß ich einmal,
im Laufschritt durch
den Ahnensaal:
Graf Heinz
(einst Held im Felde)
spuckt aus dem Gemälde!

Wen treff' ich heut
im Stiegenhaus?
Neun Särge.
Neun Fahrer
grinsen heraus.
»Exzellenz,
guten Tag!
Daß dich, du Schelm,
gleich der Donner erschlag!«
So grüßen sie mich,
und einer schreit: »Ha!
Tod dem Türkenhund
Kara Mustafa!«

Wer Nerven hat,
der schluckt es,
mein Schloß,
mein ganz verrucktes.
Hier spukt es,
hier spuckt es,
aus allen Ecken
guckt es.

Ich schreibe zitternd,
gesträubt das Haar:
Wer kauft mir mein Schloß ab
samt Inventar?
Doch sage ich händeringend:
»Bitte, es ist dringend!«

ANGELA SOMMER-BODENBURG

Stelldichein im Schweinestall

orsichtig schob Anton den alten rostigen Riegel nach oben, der die Tür zum Schweinestall versperrte. Es war ein Riegel, der von außen und innen geöffnet werden konnte. Langsam und mit einem quietschenden Ton ging die Tür auf . . .

Der kräftige Modergeruch, der ihm entgegenschlug, verriet Anton, daß der kleine Vampir zu Hause war. Und er mußte wach sein, denn aus dem hinteren Raum kam ein schwacher Lichtschein.

Anton zog die Tür hinter sich zu und rief: »Rüdiger? Ich bin's, Anton.«

Ein sehr helles Kichern antwortete.

Anton stutzte – klang so die Stimme des kleinen Vampirs?

»Rüdiger?« rief er noch einmal. »Ich bin's!«

»Komm rein!« sagte eine knarrende Stimme – die Stimme des kleinen Vampirs!

»Bist du allein?« fragte Anton besorgt.

Wieder hörte er ein helles Kichern.

Dann sagte der Vampir: »Eine Dame erwartet dich!«

»Eine Dame?« fragte Anton erschrocken. »Etwa – Tante Dorothee?«

»Guck doch selbst nach«, antwortete der Vampir mit einem krächzenden Lachen.

Daß er lachte, beruhigte Anton. Dann war es bestimmt nicht Tante Dorothee!

»Ist es Anna?« fragte er mit belegter Stimme.

Heftiges Kichern war die Antwort.

Also war es Anna!

Anton atmete auf. Mit klopfendem Herzen ging er in den Stall hinein.

Anna saß am Fußende des Sargs. Im Kerzenlicht schien ihr kleines rundes

Gesicht zu leuchten. Ihre großen Augen sahen ihn so zärtlich an, daß ihm ganz heiß wurde.

»Guten Abend, Anton«, sagte sie und lächelte.

»Hallo, Anna«, antwortete er und wurde rot.

»Ich mußte dich unbedingt sehen«, sagte sie und errötete auch.

»M-mich?« Eine bessere Antwort fiel ihm nicht ein.

»Glaubst du vielleicht, sie hatte Sehnsucht nach *mir*?« krächzte der Vampir aus seinem Sarg hervor.

»Ich hab' etwas mitgebracht«, sagte Anna und zog ein rotes Buch unter ihrem Vampirumhang heraus. »Mein Poesiealbum!«

Voller Stolz zeigte sie es ihm. »Du sollst als erster Mensch hineinschreiben!«

»Von mir steht auch schon ein Gedicht drin«, verkündete der kleine Vampir. »Willst du es hören?« Und ohne die Antwort abzuwarten, rief er mit salbungsvoller Stimme:

>»Hab' ich Blut,
>geht's mir gut.
>Hab' ich Sekt,
>geht's mir schlecht.«

Anna sah ihn von der Seite an und sagte spitz: »An deiner Stelle würde ich damit nicht so angeben.«

»Wieso?« rief der Vampir mit funkelnden Augen.

»Weil es gar kein richtiges Gedicht ist. ›Sekt‹ und ›schlecht‹ reimen sich nicht!«

»Na und?« knurrte der Vampir. »Dafür reimen sich ›Blut‹ und ›gut‹!«

»Bei einem richtigen Gedicht müssen sich alle Zeilen reimen«, widersprach Anna.

Der Vampir zuckte mit den Schultern. »Dann dichte ich es eben um: ›Hab' ich Blut, geht's mir gut. Hab' ich Sekt, geht's mir schleckt.‹«

»Iieh!« sagte Anna verächtlich. »Das ist ja falsches Deutsch!«

Der kleine Vampir verzog beleidigt den Mund und schwieg.

»Schreibst du mir etwas hinein?« sagte Anna zu Anton und sah ihn bittend an.

Doch Anton gab keine Antwort. Er war auf einmal kreidebleich geworden.

»Hast du etwas?« fragte sie.

»Draußen ist jemand«, sagte er mit zitternder Stimme.

Der kleine Vampir fuhr erschrocken in die Höhe.

»Draußen vor dem Stall?«

»Ja. Und ich weiß auch, wer es ist: Herr Stöbermann! Er ist extra heute abend hergekommen, weil er herausfinden will, wer im Hühnerstall immer die Eier austrinkt.«

»Und warum sagst du das erst jetzt?« schrie der Vampir.

»Weil –« begann Anton und brach dann ab. Sollte er zugeben, daß ihn

Anna völlig durcheinandergebracht hatte? Daß er alles andere vergessen hatte, weil sie ihn mit ihren großen Augen so angeschaut hatte?

Doch der Vampir schien gar keine Antwort zu erwarten. Er sprang aus dem Sarg und rief seiner Schwester zu: »Wir müssen fliehen!«

»Ihr würdet aber nicht weit kommen«, erwiderte Anton düster. »Herr Stöbermann hat einen Hund, eine Bestie, so groß wie ein Kalb!«

»Dann müssen wir die Tür verrammeln!« schrie der Vampir und zerrte an der großen Kiste, die neben seinem Sarg stand. »Helft mir doch!«

Anna rührte sich nicht. Sanft sagte sie: »Ich hab' eine viel bessere Idee – falls Anton mitmacht«, fügte sie mit einem innigen Blick auf Anton hinzu.

»Was für eine Idee?« fragte Anton argwöhnisch.

»Du gehst jetzt nach draußen und redest mit diesem Herrn Stöbermann!«

»Ich?« rief Anton. »Aber ich . . .«

. . . hab' auch Angst vor ihm! wollte er protestieren. Doch dann überlegte er es sich anders, weil er sich nicht blamieren wollte.

»Worüber soll ich denn mit ihm reden?« fragte er statt dessen vorsichtig.

»Das ist ganz egal! Du mußt ihn nur von hier weglocken!«

Anton zögerte. Die Idee war nicht schlecht – und für die Vampire wahrscheinlich die einzige Möglichkeit zur Flucht. Und trotzdem . . .

»Immer soll ich alles machen«, murrte er.

Anna lächelte süß. »Dafür bist du ein Mensch! Und ihr Menschen habt es in fast allen Dingen viel leichter als wir.«

»Das kann man wohl sagen!« stimmte ihr der kleine Vampir zu.

Anton seufzte – schicksalsergeben.

»Also gut«, sagte er, »ich gehe.«

MIRA LOBE

Das kleine Hokuspokus

er Zauberer Pokus saß in seinem Zauberkabinett und zauberte sich eins, als es an die Tür klopfte.

»Herein!« sagte Pokus.

Herein kam seine Frau, die Hexe Hokus. Sie hatte rotgeweinte Augen. Statt der Nase hatte sie einen Vogelschnabel und statt dem Mund ein Froschmaul.

»Wie siehst du denn aus!« rief der Zauberer Pokus.

Die Hexe Hokus schaute in den Spiegel.

»Oh, entschuldige, ich habe ganz vergessen, mich zurückzuhexen . . .«

Sie streckte sich dreimal die Zunge heraus, rümpfte dreimal die Schnabelnase und quakte dreimal mit Froschmaulstimme:

> »Ixe axe mi-ma-meck,
> Maul und Schnabel wi-wa-weg!
> Axe ixe mi-ma-mei,
> Mund und Nase schnell herbei!«

Sogleich verschwand das Froschmaul und wurde ein Mund; verschwand auch der Schnabel und wurde eine hübsche, kleine, spitze Hexennase. Nur die rotgeweinten Augen blieben. Die waren echt.

»Was ist los?« fragte der Zauberer Pokus. »Warum hast du geweint?«

»Mir war so langweilig«, klagte die Hexe Hokus. »Deshalb habe ich ein bißchen an mir herumgehext. Lila Haare und so weiter . . .« Sie seufzte und legte dem Zauberer Pokus die Arme um den Hals. »Könnten wir nicht ein Kind bekommen?«

»Einverstanden!« sagte Pokus. »Einen klugen, kleinen Pokus, dem ich sogleich das Zaubern beibringen werde.«

65

»Aber nein!« rief seine Frau. »Eine kluge, kleine Hokus natürlich, die im Handumdrehen das Hexen erlernt.«

»Einen Pokus!« schrie Pokus. »Einen Sohn!«

»Eine Hokus!« heulte Hokus. »Eine Tochter!«

»Heul nicht!« schrie Pokus. »Sonst verzaubere ich dich in eine Fabriksirene. Dann kannst du heulen!«

Er loderte vor Zorn.

»Lodere nicht!« schrie Hokus. »Sonst verhexe ich dich in einen feuerspeienden Berg. Dann kannst du lodern.«

Am Fenster saß der Rabe Ralf.

»Zankt euch nicht!« krächzte er. »Zu Eltern, die sich zanken, kommen Kinder nicht gern.«

Da besann sich die Hexe Hokus und turtelte: »Also gut, ein Sohn. Ein kleiner Pokus.«

»Nein, o nein«, säuselte Pokus. »Ein Töchterchen. Eine kleine Hokus, genau wie du.«

Sie gaben sich einen Kuß und fanden, daß es eigentlich ganz egal war, ob sie nun einen Sohn oder eine Tochter bekämen.

»Wir werden unser Kind Hokuspokus nennen«, sagten sie. »Hauptsache, es ist gesund und hübsch und klug, damit es recht bald zaubern und hexen lernt.«

Und dann gaben sie sich noch einen Kuß und gingen miteinander im Garten spazieren und sprachen von nichts anderem als dem kleinen Hokuspokus.

»Ich kann es kaum erwarten«, sagte die Hexe Hokus. »Glaubst du, daß es morgen früh schon da ist?«

»Ich will es hoffen«, sagte Pokus. »Wir sollten alles vorbereiten. Ich werde eine Wiege zaubern und ein Dutzend Milchflaschen. Und du könntest ein paar Windeln herbeihexen. Kleine Kinder brauchen doch Windeln, glaube ich . . .«

»Und Strampelhosen und Häubchen und Hemdchen und Jäckchen!« rief die Hexe Hokus. »Und winzige Babyschuhe. Und alles doppelt: hellblau und rosa. Weil wir ja nicht wissen, ob es ein Junge wird oder ein Mädchen.«

Darauf ging Pokus in sein Zauberkabinett und Hokus in ihr Hexenstübchen und zauberten hin und hexten her – alles, was sie für ihr kleines Hokuspokus brauchten.

Und dann warteten sie auf den Morgen.

Aber es kam kein Kind. Weder am nächsten Morgen noch am übernächsten, noch am über-übernächsten.

Die Hexe Hokus hatte schon wieder rotgeweinte Augen und giftgrüne Haare.

»Es muß etwas geschehen!« weinte sie. »Was bist du für ein Zauberer, wenn du nicht mal ein Kind zusammenbringst . . .«

»Und du?« schrie Pokus. »Was bist du für eine Hexe, wenn du . . .«

Der Rabe Ralf krächzte mißbilligend: »Ihr zankt euch ja schon wieder! Schämt euch gefälligst.«

Der Zauberer Pokus ging in sein Zauberkabinett und schämte sich gefälligst. Auch die Hexe Hokus schlich in ihr Hexenstübchen und schämte sich gefälligst.

Sie zauberten hin, sie hexten her.

Hokus hexte einen Gartenschlauch, aus dem abwechselnd Himbeersaft und Coca-Cola spritzte.

Sie hexte einen Briefkasten, der französische Gedichte aufsagte und englische Lieder sang.

Zuletzt hexte sie einen Knallfrosch kurz vorm Explodieren.

Pokus zauberte einen Igel, der Pfötchengeben konnte und Seiltanzen.

Er zauberte ein Ferkel, das mit den Ohren wackeln konnte und Palatschinken backen.

Als letztes zauberte er einen Fernseher ohne Knöpfe. Man brauchte nur zu sagen: »Jetzt möchte ich eine Elefantenherde am Nordpol sehen« – gleich sah man die Elefanten zwischen zwei Eisbergen spazierengehen. Man brauchte nur zu sagen: »Ich möchte, daß die Elefanten Purzelbäume schlagen und wie Amseln flöten und daß es dabei nach Veilchen riecht.« Schon schlugen die Elefanten Purzelbäume, flöteten wie Amseln, und das ganze Zimmer duftete nach Veilchen.

Als Hokus mit dem Hexen fertig war, nahm sie den Gartenschlauch, den Briefkasten und den Knallfrosch und ging zu ihrem Mann.

Pokus nahm den Igel, das Ferkel und den Fernseher und ging zu seiner Frau. Sie trafen einander in der Mitte.

»Na? Hast du ein Kind?« fragte Hokus.

»Nein. Und du?«

»Auch nicht.«

Sie zeigte ihm den Gartenschlauch, den Briefkasten und den Knallfrosch.

Er zeigte ihr den Igel, das Ferkel und den Fernseher.

»Vielleicht sollten wir das durcheinandermischen . . .«, sagten sie. Sie zauberten hin und hexten her.

Sie mischten den Gartenschlauch und den Igel – und ein Stacheldraht kam heraus.

Sie mischten den Briefkasten und das Ferkel – und ein Sparschwein kam heraus.

Schließlich mischten sie den Knallfrosch und den Fernseher – und da kam gar nichts heraus. Denn der Knallfrosch explodierte mit einem lauten Knall, und der Fernseher flog in die Luft.

»Schade um den Knallfrosch!« sagte Pokus.

Die Hexe Hokus weinte schon wieder.

»Lauter Dummheiten und kein Kind!« jammerte sie, und ihre Haare waren blau vor Kummer. »Was sollen wir nur machen?«

Pokus sagte liebevoll: »Kummerblau steht dir besonders gut. Wir werden den Raben Ralf fragen.«

Der Rabe Ralf schenkte ihnen ein Ei.

»Ist das ein Rabenei?« fragte Hokus. »Ich möchte keine Rabenmutter werden.«

»Sei nicht undankbar«, mahnte Pokus, und sie versprachen dem Raben Ralf, das Ei schön warm zu halten.

Hokus und Pokus setzten sich abwechselnd auf das Ei. Aber als am Abend noch immer kein Kind da war, wurden sie müde und legten das Ei in den Backofen. Sie stellten die Wiege daneben, sie holten die Milchflaschen und die Windeln, sie legten die rosa und blauen Jäckchen hin, die Höschen und Häubchen und Schühchen.

Am Morgen liefen sie gleich zum Backrohr. Die Tür stand offen. Zwei Eierschalen lagen drin. Und in der Wiege lag ein Kind. Es hatte ein blaues Mützchen auf.

70

»Ein Sohn!« rief Pokus. »Ich sagte es ja! Ein kleiner Pokus!«

Er tanzte vor Freude in der Küche umher.

Seine Frau stand am Ende der Wiege, wo die Füßchen hervorguckten.

Das Kind hatte rosa Schühchen an.

»Eine Tochter!« rief sie. »Eine kleine Hokus!«

Sie ritt auf dem Besen mehrmals um die Wiege herum.

Dann deckte sie das Kind auf. Es trug ein rosa Jäckchen und eine blaue Strampelhose.

Hokus und Pokus waren ratlos.

»Was bist du denn nun?« fragten sie. »Ein Sohn oder eine Tochter?«

»Ja, das möchtet ihr wohl gerne wissen?« sagte das Kind. Denn weil es ein Zauberer- und Hexenkind war, konnte es sofort reden. »Ich bin beides. Ein kleines Hokuspokus. Hauptsache, ich bin gesund und hübsch und klug. Und das bin ich!«

»Ja, das bist du!« sagten die Eltern und gaben ihrem Kind ein Ho-Küßchen und ein Po-Küßchen. »Wenn du groß bist, kannst du dir ja dann überlegen, ob du lieber ein Zauberer oder eine Hexe sein willst.«

»Das kann ich!« sagte das kleine Hokuspokus. »Und inzwischen bin ich immer abwechselnd ein Junge oder ein Mädchen – wie ich grad Lust habe.«

Die Eltern fanden das sehr praktisch und herzten ihr kluges Hokuspokus-Kind.

Ja, und wenn einer von euch auf dem Spielplatz oder sonstwo ein ungewöhnliches Kind trifft – vielleicht ist es ein kleiner Hokuspokus?

PAMELA SHRAPNELL

Freddy Gänsehaut

eden Abend um halb acht geht die Panik los. Denn Freddy muß ins Bett.

Er muß den ganzen dunklen Flur hinunterlaufen bis zum Badezimmer und dort in die Wanne steigen. Nach dem Baden muß er sich die Zähne putzen mitten in dem gruseligen, dampferfüllten Dschungel aus glucksenden Rohren und Schnüren und Pflanzen, wo die Gastherme tödliche Warnlaute zischt. Und aufs Klo muß er gehen in einem engen, finsteren Extrakabuff, dessen Fenster von einer Baumkrone verdunkelt wird, die den ganzen Garten überschattet wie ein riesiger schwarzer Regenschirm. Wenn er dies alles tapfer hinter sich gebracht hat, muß Freddy den inzwischen noch dunkleren Flur noch einmal hinunterlaufen und sein Zimmer erreichen. In diesem Zimmer wimmelt es von Kobolden, Menschenfressern, Zombies und solchen Sachen. Er muß sich auf dem sichersten Weg in sein Bett flüchten, muß sich unter der Decke verkriechen und in diesem warmen Versteck ausharren bis zum nächsten Morgen.

Der arme Freddy! Seine Mami und sein Papi dürfen sich gemütlich in ihre Sessel kuscheln und leckere Sachen knabbern und ihre Lieblingssendung im Fernsehen genießen, während er mit den Unholden kämpfen muß. Abend für Abend. Nacht für Nacht.

Es wäre nicht so schlimm gewesen, wenn Freddy in einem ganz normalen Haus gewohnt hätte. Schuld war eigentlich sein Vater, denn der hatte einen Laden für alten Krimskrams, Möbel und andere Sachen aus dem Sperrmüll. Und darum hatten bei Freddy zu Hause alle Gegenstände, vom Rasenmäher bis zu den Perlenohrringen seiner Mutter, eine gemeinsame Eigenschaft: Sie waren unverkäuflich, weil zu häßlich.

Zum Beispiel der als Schirmständer dienende Elefantenfuß, der im Flur

stand – und zwar genau an der Stelle, wo der Troll sein Unwesen trieb. Oder die Frisierkommode, in deren unterster Schublade der Wollsachen-Zombie hauste. Ganz zu schweigen von dem scheußlichen Scheusal, das im Abflußloch der altmodischen Badewanne lauerte.

Es stimmte schon: Am meisten schuld hatte Freddys Vater, denn schließlich hatte er all diese schauerlichen Dinge ins Haus gebracht. Oder doch nicht ganz alle. Für das Schlimmste war er nicht verantwortlich – für den Wurgelgurgel. Nein, dieser Wurgelgurgel, das wußte Freddy, der spukte schon seit unvordenklichen Zeiten im Garten hinter Freddys Haus herum.

»Ach bitte, Mami!« rief Freddy flehentlich, wenn die geschmacklose Uhr im Flur halb acht schlug. »Darf ich nicht noch ein ganz kleines bißchen aufbleiben . . .?«

Aber die Mutter, die sonst immer sanft und milde war, schüttelte ernst den Kopf. »Du bist doch noch zu klein, um aufzubleiben und dir ›Glückliche Zeiten‹ anzuschauen, mein Liebling.« Und dann umarmte sie ihn

kurz und scheuchte ihn – husch, husch! – aus dem gemütlichen hellen Wohnzimmer hinaus in den schauerlich-schummrigen Flur. »Ich komme nachher noch mal zu dir und geb' dir einen richtigen Gutenachtkuß, wenn die Sendung vorbei ist. Vergiß nicht das Zähneputzen. Drei Minuten, hörst du?«

Für die letzten Worte mußte ihre Stimme dann schon immer lauter werden, weil die Musik von »Glückliche Zeiten« aufrauschte und Freddys Vater aus dem Tiefschlaf weckte, in den die Nachrichten ihn versetzt hatten.

Gezwungenermaßen machte der arme kleine Freddy sich auf die Socken, und das, obwohl gerade jetzt am anderen Ende des Flurs der Troll hinter den Regenschirmen zu rumoren begann. Obwohl gerade jetzt das scheußliche Scheusal in den Wasserrohren gierig gluckste. Obwohl gerade jetzt der Wollsachen-Zombie sich wurmartig aus den Pullovern hervorringelte. Gerade jetzt mußte der arme kleine Freddy in seinen Schottenmusterpampuschen zum Kampf antreten, zum Kampf in den abgelegenen Ecken und Winkeln des Hauses.

Solche abgelegenen Ecken und Winkel hatte das Haus in dem Teil, der bis weit in den Garten hineinragte. Da draußen war es, wo die Büsche, Blumen und Farnkräuter ein undurchdringliches Dickicht bildeten und Schlingpflanzen wie Schlangenleiber durch die Baumkronen krochen. Da draußen war es, wo der Schrecken der Schrecken herrschte – der Wurgelgurgel höchstpersönlich.

Aus dem Englischen von Adam Quidam

Die Rache der Toten

m nächsten Tag trafen sie den Jungen vor dem Friedhof. Er saß an die Mauer gelehnt und aß ein Eis.

»Hallo, Elsa!« sagte Serjoscha.

Elsa wurde rot.

»Spielen wir was?« sagte Martin.

»Ja«, sagte Serjoscha. »Da drin«, sagte er.

»Auf dem Friedhof?« Elsa machte große Augen.

»Auf dem Friedhof darf man nicht spielen«, sagte Laura.

»Warum nicht?« fragte Serjoscha.

»Wegen der Toten«, sagte Martin. »Das stört ihre Ruhe.«

75

»Aber sie sind doch tot«, sagte Serjoscha. »Sie hören uns nicht, und sie sehen uns nicht.«

»Er hat recht«, sagte Elsa.

Martin zuckte die Achseln. Dann gingen sie auf den Friedhof. Die Sonne schien, und tausend Blumen blühten. Serjoscha stieß einen lauten, hellen Schrei aus. Laura nahm Elsa beim Arm.

»Die Toten werden sich rächen«, sagte sie hinter der vorgehaltenen Hand.

Elsa fühlte, wie es ihr eiskalt den Rücken hinunterlief.

»Spielen wir Verstecken«, sagte Serjoscha.

Sie versteckten sich hinter den Bäumen und Sträuchern und hinter den Grabsteinen. Es machte Spaß. Sie merkten nicht einmal, daß es dämmerig wurde.

Und dann plötzlich geschah es: Hinter einem großen Marmorkreuz tauchte eine Gestalt in einem langen Gewand auf.

»Die Toten!« schrie Elsa. »Serjoscha!« schrie sie. »Sie rächen sich!«

Aber Serjoscha war nicht da. Nur eine leichenblasse Laura und ein stiller Martin hielten einander umfangen.

»Raus hier!« schrie da der Tote, der in Wirklichkeit der Friedhofsgärtner mit seiner langen Schürze war. »Gesindel!« schrie er. »Raus!«

Als sie endlich draußen ankamen, wurde es dunkel. Serjoscha saß an die Friedhofsmauer gelehnt und aß ein Eis.

ANN JUNGMAN

Was alles in einem Namen steckt

s war bereits dunkel, als der Bus beim Hotel ankam. Judy und Paul eilten sofort in ihr Zimmer und verriegelten die Tür hinter sich. Paul nahm den Vampir aus seiner Tasche und setzte ihn aufs Bett. Der Vampir blickte sich im Zimmer um und rümpfte die Nase. »Was ist denn das?«

»Das ist ein Hotelzimmer. Wir bleiben hier nur eine Nacht. Während wir zum Abendessen runtergehen, mußt du hierbleiben und dich ganz ruhig verhalten. Du darfst dich ja nicht blicken lassen! Aber wir kommen so schnell wie möglich zurück.«

»Und was ist mit mir?« fragte der Vampir mißvergnügt. »Ich habe Hunger.«

»Wir werden versuchen, dir etwas mitzubringen.«

»Na gut, in Ordnung«, murmelte der Vampir, »aber vergeßt nicht, ich bin Vegetarier.«

Beim Abendessen stopften die Kinder heimlich Käsestückchen, Äpfel, Würfelzucker und Tomaten in ihre Taschen. Danach behaupteten sie, schrecklich müde zu sein, und sausten hintereinander die Treppe hoch. Als sie aber in ihr Zimmer stürzten, war vom Vampir nichts zu sehen.

»Glaubst du, daß er weggelaufen ist?« fragte Judy besorgt.

»Es wäre furchtbar, wenn er etwas Vampirisches anstellte, während wir nach ihm suchen!« sagte Paul beklommen.

»Ist schon gut. Ich bin doch hier«, rief der Vampir und streckte seinen Kopf zwischen den Vorhängen hervor.

»Was machst du denn dort?« fragte Paul.

»Hab' mich gefürchtet«, gestand der Vampir. »Ist das was zu essen? He, das sieht gut aus! Ich bin am Verhungern!«

Der Vampir probierte vom Käse und verzog das Gesicht. »Igitt, das ist ja gräßlich«, beschwerte er sich und lehnte auch den Apfel, den Zucker und die Tomaten entschieden ab.

»Du liebe Zeit«, sagte Judy. »Woher soll ich denn wissen, was vegetarische Vampire gerne essen.«

»Sieht so aus, als ob ich wie gewohnt hungern muß«, murmelte der Vampir und blickte mitleidheischend um sich.

»Keine Sorge, kleiner Vampir«, sagte Judy besänftigend, »wir werden uns schon was einfallen lassen. Sag mal, wie heißt du denn eigentlich? Wir können dich doch nicht ständig kleiner Vampir nennen.«

»Ich hab' keinen Namen«, klagte der Vampir. »Ich hab' nie einen Namen erhalten. Mein Großonkel Ghitza wollte nämlich nicht zu meiner Taufe kommen, weil ich ein Vegetarier bin und deshalb eine Schande für alle Vampire.«

»Wer ist denn Großonkel Ghitza?« erkundigte sich Paul.

»Du hast noch nie von meinem Großonkel Ghitza gehört?« fragte der Vampir verdutzt. »Er war bestimmt der bösartigste aller Vampire. Selbst die anderen Vampire fürchteten sich vor Großonkel Ghitza. Er war mein Großonkel, der Bruder meines Großvaters Nikolai«, erklärte der Vampir voller Stolz. »Ihr könnt ungeheuer froh sein, daß ich nicht wie mein Großonkel bin. Er wäre schon längst nach Vampirart über euch hergefallen.«

»Oh«, sagte Paul, »dann bin ich aber froh, daß wir es mit dir zu tun haben und nicht mit ihm. Aber wie sollen wir dich denn nun nennen?«

»Na, überleg dir doch einen Namen, und ich sage dir, was ich davon halte«, schlug der Vampir vor.

»Timothy«, sagte Judy. »Das ist ein hübscher Name, und wir können dich dann kurz ›Tim‹ oder ›Timmy‹ nennen.«

Der Vampir bedachte sie mit einem vernichtenden Blick. »Überleg lieber noch mal«, sagte er. »Ich kann doch keinen englischen Namen haben.«

»Ich kenne eben keinen transsylvanischen Namen, außer denen der Könige Carol und Michael.«

»Ihr versteht mich nicht, ihr versteht mich überhaupt nicht! Ich will nicht irgendeinen Namen haben. Ich will einen vampirischen Namen, bei dem die Leute vor Schreck erbleichen und der sie bis in die Stiefel hinein erschüttert und sie schlottern und beben läßt.«

»Aber du bist doch kein bißchen furchteinflößend«, lachte Judy.

»Eben«, sagte der Vampir. »Um so wichtiger ist es, einen schaudererregenden Namen zu haben; einen richtig schrecklichen Vampirnamen, bei dem es einem eiskalt über den Rücken läuft.«

»Du verlangst ganz schön viel«, beschwerte sich Paul. »Woher sollen wir denn über Vampirnamen Bescheid wissen. Warte mal, da war doch dieser König, von dem uns Vater erzählt hat, Vladimir der Schreckliche, und dann gab es den Grafen Dracula selbst, natürlich.«

»König Vladimir? Graf Dracula?« Der Vampir dachte angestrengt nach. »Ich hab's!« rief er plötzlich aus. »Vladimir von Dracula! Ja, so will ich heißen! Vladimir von Dracula.«

Er lächelte verklärt. »So ein Name macht Eindruck. Die Leute werden weiche Knie kriegen und vor Angst in die Hose machen. Das gefällt mir. Ja, das gefällt mir wirklich. Vladimir von Dracula, das ist perfekt. Findet ihr es nicht gut?«

»Na schön, wenn du willst, werden wir dich Vladimir nennen«, stimmten sie zu.

»Natürlich will ich so genannt werden«, sagte der Vampir vor Freude ganz aufgeregt. »Wenn ich jetzt noch was Anständiges zu essen kriegen könnte, wäre ich ein wunschlos glücklicher Vampir.«

»Mach dir keine Sorgen, kleiner Vladimir. Wir werden schon etwas finden, was du magst«, sagte Judy.

Vladimir blickte sie entsetzt an und stampfte mit dem Fuß auf.

»Hast du mich kleiner Vladimir genannt?« sagte er in gekränktem Ton. »Du kannst mich vielleicht Vladimir der Kühne nennen oder Vladimir der Böse oder Vladimir der Weise oder Vladimir der Schöne oder Vladimir der Grimmige oder Vladimir der Mutige oder Prinz Vladimir oder Lord Vladimir oder Richter Vladimir oder König Vladimir oder Kaiser

Vladimir oder Oberst Vladimir oder Papst Vladimir oder Doktor Vladimir oder sogar Professor Vladimir, aber niemals, ich wiederhole, niemals *kleiner* Vladimir!«

»Ist ja schon gut«, kicherte Judy. »Wir werden daran denken.«

Paul seufzte erleichtert, als sich der kleine Vampir wieder beruhigt hatte.

»Und jetzt«, sagte Vladimir, »jetzt, wo ich einen Namen habe und so, würde ich gerne wissen, was das alles für Sachen sind in diesem Zimmer. Ich habe so ein Zimmer wie dieses noch nie gesehen. In hundert Jahren hat sich alles ziemlich verändert. Von wegen dem Fortschritt und so. Ich habe diese große runde Kerze angepustet, aber sie geht nicht aus. Sie flackert nicht einmal.«

»Weil es keine Kerze ist«, erklärte Paul. »Es ist eine elektrische Lampe.«

»Was ist elektrisch?« fragte Vladimir.

»Du drückst einen Schalter, und das Licht geht an, verstehst du? Früher, da mußte man die Kerzen und Gaslampen erst einmal anzünden.« Paul zeigte auf die Heizung. »Elektrischer Strom erzeugt auch Hitze. Diese Heizkörper, zum Beispiel, werden durch elektrischen Strom warm.«

Vladimir berührte vorsichtig einen der Heizkörper und zog seine Hand schnell zurück.

»Ooooh! Ist das heiß! Das sind also die Wunder der modernen Wissenschaft. Großonkel Ghitza hielt nicht viel vom Fortschritt. Er sagte, der wäre schlecht für Vampire, und er hatte recht. Was ist denn das dort?«

»Das ist ein Telefon. Damit kann man mit Leuten reden.«

Aber bevor Paul seine Erklärung beendet hatte, hechtete Vladimir unter ein Kissen und begann am ganzen Körper zu zittern.

»Was ist los mit dir, Vladimir?« wollte Judy wissen und zog das Kissen weg.

»Wie konntet ihr nur, wie konntet ihr mich nur in ein Zimmer mit einem dieser Dinger bringen?« schluchzte Vladimir, noch immer bebend, auf.

»Aber warum hast du solche Angst vor einem Telefon?«

»Eines von diesen Dingern hat Großonkel Ghitza umgebracht.«

»So ein Quatsch. Niemand, und schon gar nicht ein Vampir, wird durch ein Telefon umgebracht.«

»Aber es war so! Armer Großonkel Ghitza! Sie versuchten alle üblichen Tricks, mit denen man Vampire umbringt: Pfähle an einer Straßenkreuzung bei Mitternacht, Kirchenglocken und all das, Gruften und Knoblauch und Kreuze, aber Großonkel Ghitza war zu zäh für sie – bis er schließlich einem Telefon zum Opfer fiel. Er wollte eine dieser teuflischen Maschinen, wie er sie nannte, von der Wand reißen, als er sich im Kabel verheddderte und dabei erdrosselte.«

»Das geschieht ihm recht«, sagte Judy. »Er scheint ziemlich ekelhaft gewesen zu sein. Aber jetzt mußt du die Geschichte mit dem Telefon vergessen. Es tut dir nichts, wirklich. Komm, wir sehen uns mal das Badezimmer an.«

»Also gut«, murmelte Vladimir verzagt und klammerte sich an Judys Kragen fest, als sie ihn hochhob.

Auf dem Weg ins Badezimmer streifte er das Telefon mit einem vorwurfsvollen Blick. Im Badezimmer sah er sich erst einmal mißtrauisch um.

»Was ist denn das?« fragte er schließlich.

»Das ist eine Badewanne«, sagte Judy. »Man füllt sie mit warmem Wasser und wäscht sich darin.«

»Uh, das klingt nicht gerade verlockend«, sagte Vladimir.

»Es ist aber ganz schön«, versicherte ihm Paul.

»Wirklich? Kann ich dann ein Bad nehmen?« fragte Vladimir.

»Warum nicht?« sagte Judy. »Aber wir baden dich besser im Waschbecken, weil du so klein bist.«

Sie füllten das Waschbecken mit Wasser, und Vladimir stand mit ängstlichem Gesicht am Rand.

»Probier das Wasser mit deinem großen Zeh, ob es die richtige Temperatur hat«, sagte Judy.

Vorsichtig setzte sich Vladimir auf den Beckenrand und steckte seinen großen Zeh ins Wasser. »Zu heiß«, beklagte er sich. Sie gaben noch etwas kaltes Wasser hinzu. »Zu kalt«, murrte der Vampir. »Hab' mir's anders überlegt. Ich will lieber doch kein Bad nehmen.« Er stand auf, rutschte jedoch auf einem Stück Seife aus und fiel ins Becken. P-l-a-t-s-c-h!

»Was ist passiert?« japste Vladimir, als er wieder auftauchte.

»Du bist auf einer Seife ausgerutscht«, kicherte Judy.

»Seife?«

»Etwas, womit du dich reinigst – so.«

Vladimir betrachtete die Seife von allen Seiten, schnüffelte an ihr und biß zum Erstaunen der Kinder plötzlich herzhaft hinein.

»Vorzüglich«, sagte er. »Genau das, was Vladimir wirklich mag«, und er verdrückte die ganze Seife innerhalb einer Minute.

»Halte nicht viel vom Baden«, vertraute er Judy an, als diese ihn abtrocknete, »aber Seife schmeckt fabelhaft.«

»Ich bade auch nicht besonders gern«, sagte Judy. »Aber Seife zu essen – der Gedanke ist absolut gräßlich.«

»Ein Problem sind wir wenigstens los«, sagte Paul. »Vladimir kann in jedem Hotel dein Stückchen Seife zum Frühstück essen, und du kannst so schmutzig bleiben, wie du willst. Nur von meiner Seife läßt du, bitte schön, deine Finger und Zähne, Vladimir. Ich wasche mich nämlich ganz gern.«

»Geht in Ordnung«, versprach Vladimir glücklich. »Ich werde deine Seife nicht anrühren. Jetzt, wo ich einen Namen habe und etwas zu essen, werde ich mich äußerst gut benehmen. Allerdings denke ich, daß du deine Meinung über Seife ändern solltest. Sie zu essen macht viel mehr Spaß, als sich damit zu waschen. Probier's mal. Vielleicht findest du plötzlich Geschmack daran.«

Aus dem Englischen von Marlies Single

4. Kapitel

Wenn du dich gruseln willst

ANNE BRAUN

Das Gespensterfest

Gespenster feiern heut ein Fest,
du bist geladen, kein Protest!
Wenn du dich gruseln willst, geh hin,
sonst ärgerst du dich fürderhin.

Gustav der Schreckliche spielt Klavier,
verziert mit Gebein vom Fabeltier,
Olga Spinnweb tanzt hernach,
klappernd auf dem Schieferdach.

Gespensterkind Max voll Übermut
tanzt kichernd um die Feuerglut.
Elf Fledermäuse schwarz und sacht,
huschen geräuschlos durch die Nacht.

Schwarze Kater, finstre Raben,
zanken sich im Festungsgraben,
Türenquietschen, Kettenrasseln,
Gänsehaut und Flammenprasseln.

Doch plötzlich, eh' man's sich gedacht,
ist's aus mit dieser Schreckensnacht,
die Geister nehmen schnell Reißaus,
und du, mein Kind, lauf schnell nach Haus.

ISAAC BASHEVIS SINGER

Großmutters Geschichte

as Spiel mit dem Glückskreisel ist ein Riesenspaß. Aber Kinder müssen auch schlafen.«

So sprach Großmutter Leah. Doch sie baten sie, erst noch eine Geschichte zu erzählen.

»Es war einmal ein Vater, der hatte vier Söhne und fünf Töchter. Die Söhne hatten Korkenzieherlocken, und die Töchter trugen Zöpfe. Wenn sie nebeneinanderstanden, sahen sie aus wie die Orgelpfeifen. Chanukka wurde gefeiert, das achttägige jüdische Fest der Tempelweihe, wobei an jedem Tag eine Kerze auf den achtarmigen Chanukka-Leuchter gesteckt wird. Und wenn die Kerzen angezündet waren und sie ihr Chanukka-Geld bekommen hatten, setzten sie sich hin und spielten das Kreiselspiel. Darüber vergaßen sie ganz, daß es Schlafenszeit war. Mutter und Vater ermahnten sie, daß es schon spät sei. Aber die Kinder, die gewannen, wollten noch mehr gewinnen, und die anderen, die verloren, wollten zurückgewinnen, was sie verloren hatten.

Plötzlich klopfte es an der Tür. Herein kam ein junger Mann mit Backenbart und einem gekräuselten Schnurrbart. Er trug einen mit Fuchsfell verbrämten Mantel, auf dem Hut eine Feder und an den Stiefeln Sporen. Er war über und über mit Schnee bedeckt, aber er schaute lustig und sorglos drein. Er hatte den Weg im Schneesturm verloren, sagte er. Ob er bis zum Morgen bleiben könne.

Draußen stand sein Schlitten. Er war mit geschnitztem Elfenbein geschmückt. Vier weiße Pferde zogen ihn. Am Zaumzeug blitzten Edelsteine. Die Jungen spannten die Pferde aus und fütterten sie mit Heu und Hafer. Sie fragten den Gast, ob er hungrig sei.

›Wie ein Wolf‹, antwortete er. Ob er das Kreiselspiel mit ihnen spielen

91

wolle? ›Aber gern‹, sagte er, setzte sich an den Tisch und spielte mit ihnen.

Er aß Pfannkuchen mit Zimt, trank Tee mit Marmelade und paffte Rauchringe aus seiner Bernsteinpfeife. Er setzte Silbermünzen aufs Spiel und verlor sie. Er gab Goldmünzen und verlor sie auch. Bei allen anderen fiel der Kreisel auf *Gewinn,* bei ihm nur stand er auf *Verlust.* Er verlor und lachte, er verlor wieder und scherzte. Er trank Honigwein, und seine Geldtasche schien nie leer zu werden.

Mitternacht war schon vorüber.

Die Schlafenszeit war vergessen. Die Hunde bellten in die Nacht hinein, die Hähne drängten sich zusammen, die Hennen gackerten, die Kühe muhten, die Gänse schnatterten, die Enten quakten. In den Ställen wieherten die Pferde und stampften mit den Hufen.

›Was ist nur heute nacht mit unseren Tieren los?‹ fragte der älteste Junge. Im selben Augenblick schaute er auf die Wand und sah nur acht Schatten statt neun.

Der Fremde warf keinen Schatten.

Nun war alles klar. Jeder weiß, daß Teufel keinen Schatten haben. Ihr Gast war kein Mensch, sondern ein Dämon.

Als die Uhr dreizehn schlug, gab es keinen Zweifel mehr, wer der Fremde wirklich war. An den Gesichtern der Kinder sah der Fremde, daß sein Geheimnis entdeckt war.

Mit einem rauhen Lachen stand er auf, streckte die Zunge bis auf den Bauch heraus und wurde doppelt so groß. Hörner wuchsen ihm hinter den Ohren. Da stand er, der Teufel.

Bevor nur jemand ein Wort sagen konnte, drehte er sich wie ein Kreisel, und das Haus drehte sich mit ihm. Der Chanukka-Leuchter wankte, Teller klirrten auf dem schwankenden Boden.

Der Teufel pfiff. Mäuse erschienen, und Kobolde in roten Mützen und grünen Stiefeln wirbelten lachend und schreiend im Kreis herum. Plötzlich wuchsen dem Teufel Flügel. Er klappte sie zusammen, und mit einem Kikeriki verschwand die ganze Gesellschaft.

Staub sind Gold und Silber nur,
Und im Schnee von Rost die Spur.
Fort die Schätze auf der Bank,
Nichts bleibt da als Teufelsstank,
Weichselzopf
Im Kinderschopf,
Teufelsdreck
In jedem Eck.
Teufel aus dem Haus,
durch die Luft mit Mann und Maus.
Welcher Kummer, welche Schande,
Chanukka-Nacht und Teufelsbande.«

Diese Geschichte hat Großmutter Leah erzählt, während sie einen Strumpf für ihr jüngstes Enkelkind strickte.

»Großmutter, erzähl uns noch mehr!« baten die Kinder. Aber Großmutter Leah küßte sie und sagte, es sei jetzt Schlafenszeit. »Morgen, Kinder, ist auch noch ein Tag. Da wird eine neue Kerze in den Chanukka-Leuchter gesteckt, und draußen wird neuer Schnee liegen, und ich werde euch eine neue Geschichte erzählen.«

Aus dem Englischen von Rolf Inhäuser

FRIEDL HOFBAUER

Die Zaubergespenster

Eine russische Gespenstergeschichte

in Student wollte Zauberer werden und kaufte sich jedes Zauberbuch, das er nur bekommen konnte. Nach einiger Zeit besaß er eine kleine
Zauberbibliothek, in der er sehr viel studierte. So kam es, daß er viele
Dinge lernte und wußte, von denen Leute, die keine Zauberbücher lesen,
nichts ahnen.

Eines Tages, als er nicht daheim war, kam einer seiner Freunde zu Besuch.
Der Zauberstudent hatte die Tür nicht abgeschlossen, sondern nur einen
Zauberspruch über die Türklinke gesprochen. Nun konnte jeder Freund
eintreten und mußte nicht vor der Tür warten. Leute, die in der Wohnung
des Zauberstudenten nichts zu suchen hatten, konnten aber die Tür nicht
öffnen.

Der Freund des Zauberstudenten betrat die Wohnung. Als er merkte, daß
niemand zu Hause war, setzte er sich nieder, um zu warten. Auf einem
kleinen Tisch lag ein Zauberbuch, in dem der Zauberstudent gelesen
hatte. Auf dem Buchumschlag waren seltsame Gesichter zu sehen, dicke
und dünne, manche mit Nasen, manche ohne Nasen. Es hatte auch nicht
jedes Gesicht einen Mund, aber alle Gesichter hatten Augen.

Der Besucher wurde neugierig, schlug das Buch auf und begann darin
zu lesen.

In dem Buch standen nichts als Namen. Manche waren sehr schwer
auszusprechen, bei manchen standen einige oder alle Buchstaben auf
dem Kopf, einige Namen hatten große Anfangsbuchstaben, manche
kleine und manche überhaupt keine. Es gab aber kein einziges Wort in
dem Buch, das kein Name war.

Merkwürdig, dachte der Freund des Zauberstudenten. Immer nur Namen lesen, einen nach dem anderen, ist eigentlich langweilig. Warum wird mir nicht langweilig?

Er las und las. Er las und las und las.

Als er ungefähr die Hälfte der Namen gelesen hatte, die in dem Buch standen, hatte er plötzlich das seltsame Gefühl, daß Augen ihn anstarrten. Er hob den Kopf, und da waren wirklich Augen. Viele Augen in vielen Gesichtern. Die Augen glotzten ihn an.

Der junge Mann erschrak. Wo waren die bloß alle hergekommen? Das können nur Gespenster sein, dachte er. Aber Gespenster soll man nicht reizen.

Der junge Mann tat, als hätte er die Gespenster nicht bemerkt, und las weiter. Nach einer Weile konnte er nicht anders und hob wieder den Kopf. Da sah er, daß die Gespenster mehr geworden waren. Eine ganze Gespensterherde hockte und schwebte um ihn herum. Wieder wußte er nichts Besseres, als weiterzulesen. Als er das nächstemal aufblickte, waren so viele Gespenster im Zimmer, daß sie beinahe keinen Platz mehr hatten. Sie drängten sich, krochen übereinander und berührten fast seinen Ärmel und seinen Rock.

Dem jungen Mann wurde angst. Er klappte das Buch zu und schloß die Augen. Vielleicht tun sie mir nichts, wenn sie glauben, daß ich sie nicht sehe, dachte er. Hoffentlich kommt mein Freund bald zurück!

Der Zauberstudent kam aber noch immer nicht.

Die Zaubergespenster drängten sich näher, sie begannen zu stoßen und zu drücken und zu raunen, und endlich schrien sie: »Du mußt uns Arbeit geben! Schaff uns Arbeit an, aber schnell!«

Der junge Mann dachte nach, dann sagte er: »Nehmt ein Sieb, tut Wasser hinein, und füllt damit alle Wasserbottiche und Badewannen in der ganzen Stadt.«

Die Zaubergespenster verschwanden. Kaum drei Minuten später waren sie wieder da und schrien: »Wir sind fertig! Schaff uns Arbeit an, aber schnell!«

»Nehmt des Bürgermeisters Haus auseinander, Ziegel für Ziegel, und baut es ein Stück weiter wieder auf«, sagte der junge Mann. »Aber der Bürgermeister und seine Familie, die in dem Haus sitzen, dürfen nichts bemerken.«

Die Zaubergespenster verschwanden. Kaum zwei Minuten später waren sie wieder da und schrien: »Schon fertig! Schaff uns neue Arbeit an, aber schnell!«

»Zählt alle Sandkörnchen, die auf dem Meeresgrund liegen«, sagte der junge Mann. »Zählt alle Wassertropfen aller Flüsse von der Quelle bis zur Mündung, und zählt alle Fische, die darin schwimmen, und die Schuppen aller Fische im Meer und in allen Flüssen.«

Die Zaubergespenster verschwanden. Eine Minute später waren sie zurück und hatten alles gezählt. Wieder forderten sie Arbeit und vollbrachten sie schneller, als der junge Mann nachdenken konnte, welch neue Aufgabe er ihnen stellen sollte. Während er noch grübelte, kamen die Gespenster näher und näher, drängten und drückten ihn, daß er kaum mehr Luft zum Atmen hatte.

Was kann ich nur tun? dachte der junge Mann verzweifelt, und endlich fiel ihm etwas ein.

Solange ich in dem Buch gelesen habe, dachte er, haben mich die Zaubergespenster in Frieden gelassen. Ich werde einfach weiterlesen!

Er schlug das Buch wieder auf und las weiter. Die Gespenster schrien nicht mehr nach Arbeit, sondern blieben still. Als er aber aufsah, waren es noch mehr geworden.

Er wollte zu lesen aufhören, doch da fingen sie zu schreien und zu drohen an, und er mußte weiterlesen. Und je mehr er las, desto größer wurde die Zahl der Zaubergespenster. Endlich waren es so viele, daß sie wie eine Wolke um ihn hingen. Sie verdunkelten die Lampe, und er konnte kaum noch lesen.

»Schaff uns Arbeit an!« schrien sie.

Da kam dem jungen Mann ein Gedanke. Er hatte das Buch von Anfang her zu lesen begonnen, und je weiter er gelesen hatte, desto mehr Gespenster hatte er herbeschworen. Vielleicht verließen sie ihn, wenn er das Buch vom Ende her las.

Er drehte das Buch um und las verkehrt von hinten nach vorn. Nach einiger Zeit merkte er, daß die Gespenster immer weniger wurden. Die Lampe leuchtete wieder heller. Der junge Mann war froh, er las und las, bis er sie alle weggelesen hatte.

Wenig später kam der Zauberstudent nach Hause. Der junge Mann erzählte, was geschehen war.

»Es war dein Glück«, sagte der Zauberstudent, »daß du das Buch rechtzeitig von hinten gelesen hast! Hättest du die Zaubergespenster nicht vor Mitternacht vertrieben, dann hätten sie dich umgebracht. Gut, daß dir rechtzeitig dieser glückliche Einfall gekommen ist!«

ALFONS SCHWEIGGERT

Das alte Haus

ein Großvater erzählte manchmal gruselige Geschichten aus seiner Kindheit, eine davon besonders oft. Sie ging so:

Ich kannte eine seltsame Frau, die vor unserem Dorf in einem kleinen, alten Haus wohnte. Sie ließ nie jemanden ein. Ein riesiger schwarzer Hund verbellte jeden, der sich näherte.

Ich erinnere mich genau. Es war ungefähr eine Woche später, nachdem der Hund plötzlich unter Krämpfen im Freien verendet war. Eines Nachmittags, es war ein Freitag, der 13., beobachtete ich, wie die Alte, wohl zum Holzsammeln, in den Wald schlurfte. Sie hatte vergessen, ihre Haustüre abzusperren. Ein Windstoß mußte sie aufgedrückt haben, denn sie stand halb offen, als ich vorbeiging.

Ehe ich mich besinnen konnte, trugen mich meine Beine auf das Haus zu, das noch nie ein Fremder betreten hatte. Ich bewegte mich unaufhaltsam durch den Hausflur, stand plötzlich vor einer Zimmertür und trat ein.

Es war dämmrig im Raum, und so erkannte ich erst nach einer Weile, daß sich an der Wand etwas bewegte. Ich wollte entsetzt Reißaus nehmen. Da kreischte eine Stimme: »Endlich kommst du!«

Wie angewurzelt blieb ich stehen und blickte zurück. Meine Augen hatten sich inzwischen an das Zwielicht gewöhnt, und ich erkannte einen großen Raben, der angenagelt an der Wand hing. Ein riesiger Nagel durchbohrte ihm den Hals, die beiden anderen Nägel hefteten seine Flügel an das Mauerwerk.

»Endlich kommst du«, krächzte der Rabe abermals mit fast erstickter Stimme. »Ich bin am Verdursten. Beeile dich, und gib mir aus der Flasche, die dort auf dem Tisch steht, zu trinken, sonst gehe ich jämmerlich zugrunde.«

Der Anblick des schwarzen Viehs entsetzte mich so, daß ich rückwärts auf die Türe zuging, um wegzulaufen. Da fiel krachend die Türe ins Schloß. Ich wollte sie aufreißen. Sie war versperrt.

Der Rabe schnarrte mit herrischer Stimme: »Bleib und gib mir zu trinken, wenn dir dein Leben lieb ist.«

Ich nahm zitternd die Flasche vom Tisch, ging auf ihn zu und träufelte ihm einige Tropfen in den weit aufgesperrten Schnabel. Der Rabe schluckte und schluckte mit großer Gier. Da fiel der Nagel, der durch seinen Hals drang, klirrend zu Boden. Ich wich erschrocken einen Schritt zurück.

»Nichts da!« krächzte der Vogel. »Gib mir mehr zu trinken!«

Ich netzte zum zweitenmal seine rote Zunge mit der dunklen Flüssigkeit. Da fiel der Nagel, der im rechten Flügel steckte, krachend auf die Holzbohlen. Ich blickte starr vor Angst auf das dolchförmige Eisenstück.

»Aller guten Dinge sind drei«, nötigte mich der Rabe. Ich flößte ihm einen dritten Schluck ein. Da war der Rabe frei, und krächzend brach er durch das geschlossene Fenster ins Freie, daß die Scheiben klirrend zersprangen.

»Was hast du getan«, kreischte die Alte und stieß wütend die Zimmertür auf. Mit blutunterlaufenen Augen starrte sie mich an. »Das ist der Teufel gewesen, du dummes Kind, den du eben mit Menschenblut befreit hast. Es wird nicht lange dauern, und er wird mich nachholen.«

Kaltes Grausen ergriff mich, und ich stürzte mit Gewalt an ihr vorbei hinaus ins Freie und rannte, ohne anzuhalten, nach Hause. Noch in derselben Nacht befiel mich schweres Fieber.

Von diesem Tag an wurde die Alte nicht mehr gesehen.

Jeden Freitag, den 13., aber kann man seither, wenn man um Mitternacht sich in der Nähe des Hauses befindet, zuerst langgezogenes Hundegeheul hören, das bald verklingt. Dann ertönt ein bösartiges Krächzen und kurz darauf ein markerschütternder menschlicher Schrei. Alles dauert nicht länger als eine Minute. Danach herrscht Totenstille . . .

BARBARA BARTOS-HÖPPNER

Der Sturz vom Kirchturm

achelöfen gehörten früher in jedes Haus, und es mag sein, daß sie bald wieder in Mode kommen. In meiner Kindheit waren sie der Mittelpunkt einer jeden guten Stube, hatten meist braune, grüne oder weißglasierte Kacheln und zwei eiserne Türen, die eine vor der Feuerstelle, die andere vor dem Aschekasten. Und außerdem gab es hinter ihnen eine Hölle. Das war jener schmale Raum zwischen Kachelofen und Wand, der hauptsächlich zum Trocknen des Holzes benutzt wurde. Aber auch Schuhe und Stiefel wurden im Winter auf dem Holz in der Hölle angewärmt oder Pelz und Fußsack vor einer Schlittenfahrt, und nicht zuletzt war es der Schlafplatz der Katzen, die sich in die wohlige Wärme der Dunkelheit verkrochen.

Die Hölle war für mich also durchaus kein Platz zum Fürchten, denn es kam vor, daß mich der Großvater auf das Holz in der Hölle setzte, wenn ich verfroren von draußen hereinkam, und deshalb haben mich die Hölle und der Teufel, der darin wohnen sollte, auch nicht geängstigt. Und der Großvater ist es auch gewesen, der mir dieses Märchen erzählt hat. Ich weiß es noch genau, wie er auf der gepolsterten Ofenbank saß und alle Augenblicke zu mir in die Hölle sah, während hinter der eisernen Ofentür die Flammen das Holz und die Kohlen fraßen.

Vor vielen Jahren also war dem Großvater einmal ein Mann begegnet, von dem die Leute sagten, daß er ein ganz verwegener Kerl sei. Er stammte aus einem Dorf im Gebirge, weitab von allen anderen menschlichen Behausungen, dorther also, wo sich die Füchse gute Nacht sagen. Er fürchtete sich, wie es hieß, vor nichts und niemand, ging jederzeit auch um Mitternacht über den Friedhof und am Beinhaus vorbei und erzählte, daß er es mehr als einmal darin habe sprechen und klappern hören, und

103

das könne nichts anderes bedeutet haben, als daß die Toten aus Grüften und Gräbern herausgekommen seien, um sich ihre eigenen Gebeine zusammenzusuchen, denn sie hätten immer so gesprochen: »Das ist mein, und das ist dein, und dieses wird wohl dessen sein . . . das ist mein, das ist dein, und dieses wird wohl dessen sein . . .«

Wenn er das so erzählte, kam niemand auf den Gedanken, daß es ihn dabei gegruselt hätte, und deshalb glaubte ihm auch jeder, wenn er erzählte, daß ihm dieser und jener Geist im Moor oder auf der Heide begegnet oder sogar aufgehockt wäre.

Eines Tages nun hatte er erfahren, daß sich zu den Weihnachtsfeiertagen alle Hexen aus der Umgebung oben auf dem Kirchturm versammeln und unter den Glocken allerlei unheilige Dinge treiben würden, wobei Tanz und Lärm noch das wenigste wären, Karten- und Würfelspiel dagegen schon bedenklicher, denn immerhin geschähe es ja in den heiligen Nächten. Das schlimmste aber wäre die Beratung, die dort oben auf dem Kirchturm vor sich gehen sollte. Dort würden sie nämlich die Schlechtigkeiten untereinander verteilen wollen, die sie im Laufe des nächsten Jahres an den Menschen auszuüben gedächten.

Es ist nicht schwer zu erraten, auf welch schlimmen Gedanken der junge, verwegene Kerl kam, und er konnte es kaum erwarten, daß es Weihnachten wurde. Und damit ihm kein Hindernis im Wege stünde, hatte er dem Küster angeboten, ihm beim Läuten zu helfen, denn die Glockenseile zu ziehen in der winterlichen Kälte, das wäre eher etwas für einen jungen Mann als für einen alten, spindeldürren Küster.

Als nun der letzte Glockenton nach dem Christnachtsgottesdienst verklungen war und die Leute nach Hause gingen, tastete sich der verwegene Kerl die stockdunkle Treppe im Kirchturm hinauf. Die Stufen unter ihm ächzten und knackten, und mehr als einmal griff er in ein dickes Spinnengewebe. Hoch oben über sich hörte er es flattern und mit den Flügeln schlagen, zu sehen war rein gar nichts. Erst als er unter den großen Glocken stand, kam durch die Schallöcher so viel nächtliche Helligkeit vom Schnee und Sternenschimmer herein, daß er sich ein

Versteck suchen konnte. Alles mußte leise und behutsam geschehen, denn überall nisteten Dohlen, die zu zetern anfingen, sobald er in ihre Nähe kam, und mehr als einer der großen, schwarzröckigen Vögel hackte nach ihm. Schließlich aber fand er ein gutes Versteck unter der Treppe, die sich bis hinauf in die Turmspitze wendelte.

Nun mußte er die Mitternachtsstunde abwarten, denn das war nicht leicht. Die Müdigkeit wollte mehr als einmal über ihn herfallen, und es war gut, daß die kalte Luft zu den Schallöchern hereinzog und ihn wach hielt. Plötzlich aber kam es ihm vor, als ob sich ein Wind aufgemacht hätte und um den Turm zu kreisen begann. Im nächsten Augenblick jedoch fuhr durch das eine Schalloch die erste Hexe herein. Sie hockte auf einem großen Besen und hatte auf ihrer Schulter eine schwarze Katze sitzen. Ehe sich der junge Kerl noch besonnen hatte, kam die zweite. Sie ritt verkehrt auf einem schwarzen Ziegenbock und hielt sich am Schwanz des Tieres fest.

Und dann kam eine nach der anderen, es ging Schlag auf Schlag. Sie kicherten und lachten und juchzten und waren dabei so häßlich, daß der junge Mann manchmal nicht mehr hinsehen mochte. Um den Kopf der einen schwirrten Fledermäuse, einer anderen lag eine große Kröte auf der Brust. Ziegenböcke waren da und Schafböcke, und die Hexen fingen an, zu dritt und zu viert auf ihnen zu reiten, und wenn die Böcke sie abwarfen, kreischten sie vor Vergnügen.

Als das Treiben in vollem Gange war, heulte es zum letzten Mal um den Turm, und herein fuhr in großer Hast noch eine Hexe. Sie zog unter ihrem Rock einen Stiefelknecht hervor. »Im letzten Augenblick habe ich ihn gefunden«, rief sie. »Er war unter dem Stroh versteckt. Ich weiß schon, das muß der junge, verwegene Kerl gewesen sein, den wir auf dem Hofe haben. Aber das soll er mir büßen! Laßt uns beraten, welche Strafe er verdient hat.«

Der junge Mann steckte seinen Kopf unter der Treppe hervor. Er wollte sich diese Hexe genauer ansehen, weil er meinte, ihre Stimme schon einmal gehört zu haben. Da erkannte er die alte Magd, die den Sommer

über das Vieh oben in den Bergen hütete. »Sieh an«, rief der junge Mann. »Wer hätte gedacht, daß du auch dazugehörst!«

Die Hexen fuhren herum, und im nächsten Augenblick war der junge Mann entdeckt. Die Hexe aber, die auf dem schwarzen Ziegenbock angekommen war, zerrte ihn unter der Treppe hervor und steckte ihm ihren kleinen Finger in die Nase. »Warte, Bürschchen, dich werd' ich das Fürchten lehren!« Und ehe es sich der junge, verwegene Kerl versah, schob sie ihn zum Schalloch, streckte ihren Arm aus und ließ ihn zwischen Himmel und Erde schweben. »Du hast es gewagt, in dieser Stunde auf den Turm zu kommen und uns zu beobachten. Versprich, daß du zu keinem Menschen darüber sprechen wirst bis an dein Lebensende, sonst ist es um dich geschehen. Ich brauche nur meinen Finger aus deiner Nase zu ziehen.«

»Ich denke nicht daran«, antwortete der Verwegene, »denn ich fürchte mich nicht.« Und dann rief er, so laut er konnte: »Komm, Teufel, und fang mich auf!« Da kam auf einmal ein Schlitten auf den Kirchturm

108

zugesaust. Vier schwarze Pferde zogen ihn, und er hielt genau in dem Augenblick an, als die Hexe ihren kleinen Finger zurückzog und der junge, verwegene Kerl durch die Luft zur Erde sauste. »Ich danke dir, großer Meister!« rief der Verwegene. »Das war Rettung in höchster Not.« Darüber lachte nun wieder der Teufel aus vollem Halse, denn er war der Meinung, daß er sich hier ohne viel Mühe ein Menschenleben in die Hölle holen konnte. »Wenn du gestattest«, sprach der junge, verwegene Mann, »daß ich meiner alten Mutter noch Lebewohl sage, bevor ich mit dir gehe, so laß mich nur kutschieren, denn ich finde den Weg nach Hause am besten.« – »Gut«, antwortete der Teufel, »ich habe schon immer mit mir reden lassen, und wir sitzen ja eng beieinander.« Das sollte nichts anderes bedeuten als »Denke ja nicht, daß du mir entgehst!«

Da nahm der junge, verwegene Kerl also die Pferdeleine in die Hand und die Peitsche dazu, und dann schlug er auf die Pferde ein, daß nicht nur den Tieren, sondern ihm selbst Hören und Sehen verging. Der Schlitten tanzte von einer Seite auf die andere und war nahe daran umzukippen. Aber dem jungen Mann schien es immer noch nicht schnell genug zu gehen. »He, he, he!« rief er, und der Teufel lachte dazu. Die Peitsche knallte, den Pferden flog der Schaum um die Mäuler, und unter ihren Hufen sprühten helle Funken.

Nun stand kurz vor der Einfahrt zum Hof ein großer Mühlstein. Auf den setzte der junge Mann seine ganze Hoffnung, und als sich der Schlitten in rasender Fahrt dem Hof näherte, lenkte er den Schlitten auf diesen Mühlstein zu. Er war verschneit und nicht zu erkennen, aber im nächsten Augenblick fuhr der Schlitten mit voller Wucht dagegen, daß es krachte und splitterte. Der Teufel und der junge, verwegene Mann wurden in hohem Bogen hinausgeschleudert, der eine zur rechten, der andere zur linken Seite, und es dauerte seine Zeit, bis sie sich aus dem tiefen Schnee herausgewühlt hatten. Der junge Mann aber war schneller. Er sprang durch das große Hoftor, schlug es zu und verriegelte es.

Als das der Teufel gewahr wurde, geriet er in einen furchtbaren Zorn. »Wenn ich gewußt hätte, mit welch undankbarem Kerl ich es zu tun kriege, ich hätte wegen deiner jämmerlichen Seele keine so weite Reise gemacht. Du hattest mich gerufen, und ich war zur Stelle, und jetzt muß ich leer ausgehen. Vorhin ist zwanzig Meilen von hier eine Brücke zusammengebrochen. Dort hätte ich mir mehr als eine Seele holen können, denn ich habe dem über die Schulter gesehen, der den Brückenpfeiler angesägt hat.«

»Dann also bis zum nächsten Mal!« rief der junge Mann hinter dem Tor. »Und bis dahin will ich es mir gutgehen lassen.« Er hörte, wie sich draußen ein Sturm erhob, und dann galoppierte der Teufel mit seinen beiden Pferden wieder der Hölle zu. –

»Und uns ist das Feuer viel zu weit heruntergebrannt«, sagte mein Großvater. »Das wollen wir die Großmutter nicht merken lassen.« Er stand auf, machte sich mit einer schnellen Handbewegung drei Finger an der Zunge feucht, faßte nach dem heißen Riegel an der Ofentür und schaufelte noch einmal schwarze, glänzende Kohlestücke auf die heruntergebrannte Glut.

Quellenverzeichnis

BARBARA BARTOS-HÖPPNER, *Der Sturz vom Kirchturm,* aus: dies., »Gruselmärchen«.
© K. Thienemanns Verlag, Stuttgart – Wien.

ANNE BRAUN, *Das Gespensterfest.* © Anne Braun.

HANS EPPENDORFER, *Bine, Bille und Max,* aus: ders., »Gespensterspaß«, rotfuchs 405.
© Rowohlt Taschenbuch Verlag GmbH, Reinbek 1986.

ANNE FABER, *Das alte Schloß.* © Anne Faber.

LAURA FEUERLAND, *Das Spenst.* © Laura Feuerland.

ROSWITHA FRÖHLICH, *Das Bettgespenst.* © Roswitha Fröhlich.

JOSEF GUGGENMOS, *Das Geisterschloß.* © Josef Guggenmos.

HANNE HANISCH, *Das kunterbunte Klopfgespenst,* aus: dies., »Kopfkissen-Geschichten«,
rotfuchs 283. © Rowohlt Taschenbuch Verlag GmbH, Reinbek 1981.

HEINRICH HANNOVER, *Eine Gespenstergeschichte,* aus: ders., »Der vergeßliche Cowboy«,
rotfuchs 236. © Rowohlt Taschenbuch Verlag GmbH, Reinbek 1980.

FRIEDL HOFBAUER, *Die Zaubergespenster,* aus: Käthe Recheis (Hrsg.), »Die Uhr schlägt
Mitternacht«. © K. Thienemanns Verlag, Stuttgart – Wien.

ANN JUNGMAN, *Was alles in einem Namen steckt,* aus: dies., »Der Vampir Vladimir – Die Abenteuer
beginnen«. © Benziger Edition im Arena Verlag GmbH, Würzburg.

JAMES KRÜSS, *Hundertzwei Gespensterchen,* aus: ders., »Der Zauberer Korinthe«.
© Verlag Friedrich Oetinger, Hamburg 1982.

MIRA LOBE, *Das kleine Hokuspokus.* © Mira Lobe.

MANFRED MAI, *Im Dunkeln gibt's Gespenster,* aus: ders., »Eine tolle Familie«.
© Herder Verlag, Freiburg 1989.

TILDE MICHELS, *Das Zappelgespenst,* aus: dies., »Unser Gustav Bär«.
© Benziger Edition im Arena Verlag, Würzburg.

GINA RUCK-PAUQUÈT, *Die Rache der Toten.* © Gina Ruck-Pauquèt.

GINA RUCK-PAUQUÈT, *Mit nachtgespensterblauen Augen,* aus: dies., »In jedem Wald ist eine Maus,
die Geige spielt«. © Georg Bitter Verlag, Recklinghausen 1990.

HELGA SCHUBERT, *Das Märchen vom Huuhuu.* © Helga Schubert.

HANNE SCHÜLER, *Gespenstergeschichten unterm Regendach,* aus: dies., »Weißnäschen braucht
frische Luft«, rotfuchs 478. © Rowohlt Taschenbuch Verlag GmbH, Reinbek 1988.

ALFONS SCHWEIGGERT, *Das alte Haus.* © Alfons Schweiggert.

PAMELA SHRAPNELL, *Freddy Gänsehaut,* aus: ders., »Freddy Gänsehaut«.
© Cecilie Dressler Verlag, Hamburg 1989.

ISAAC BASHEVIS SINGER, *Großmutters Geschichte,* aus: ders., »Zlateh die Geiß und andere
Geschichten«. © Verlag Sauerländer, Aarau 1968.

ANGELA SOMMER-BODENBURG, *Stelldichein im Schweinestall,* aus: dies., »Der kleine Vampir auf
dem Bauernhof«, rotfuchs 325. © Rowohlt Taschenbuch Verlag GmbH, Reinbek 1983.

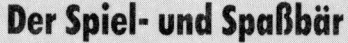 

Der Spiel- und Spaßbär   Lesen, Spielen, Basteln

Jutta Radel
Vampire und Gespenster

Vampire und Gespenster sind die Lieblinge aller Kinder. Und genau
um sie geht es in diesem Buch! Es vereint: witzige Geschichten,
viele Anregungen zum Basteln, lustige Spiele für drinnen und
draußen, praktische Tips und tolle Gags zum Feiern. Das reicht
von der originellen Einladungskarte zu einer Vampirparty über
das Anfertigen von Gespensterkostümen bis hin zu phantasievol-
len Rezepten. Für jede Gelegenheit hat Jutta Radel eine gute Idee
– für schönes und schlechtes Wetter, zum Toben und Stillsitzen,
zum Raten und Knobeln… einfach zu allem, was Gruselfreunden
einen Mordsspaß macht.
64 Seiten, durchgehend vierfarbig illustriert. DM 19,80. Ab 8

BENZIGER
EDITION